Samantha Grenier

Armbänder aus PARACORD

Schnell und einfach selbst knüpfen

Leopold
Stocker
Verlag

Inhalt

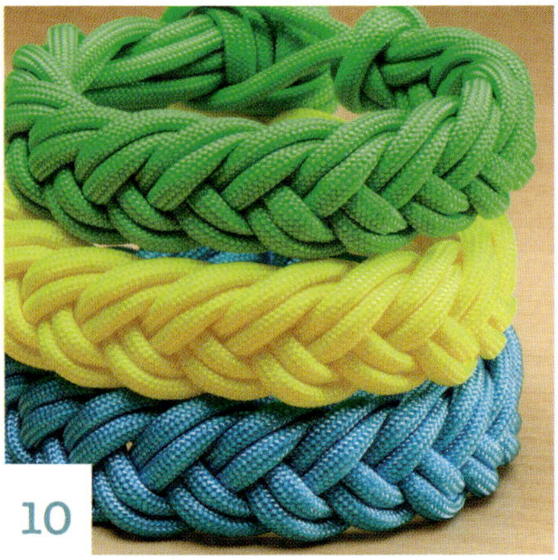

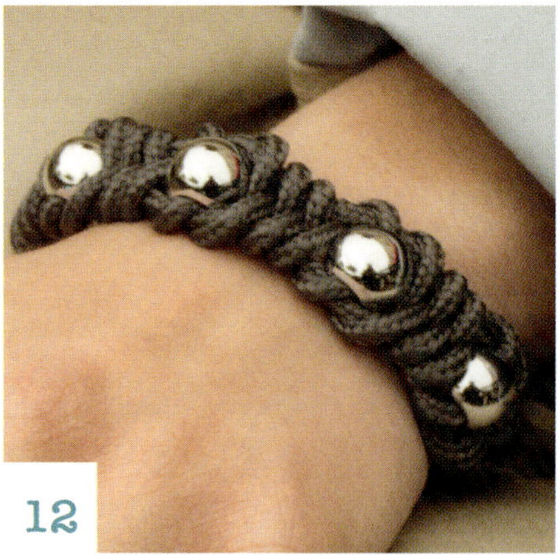

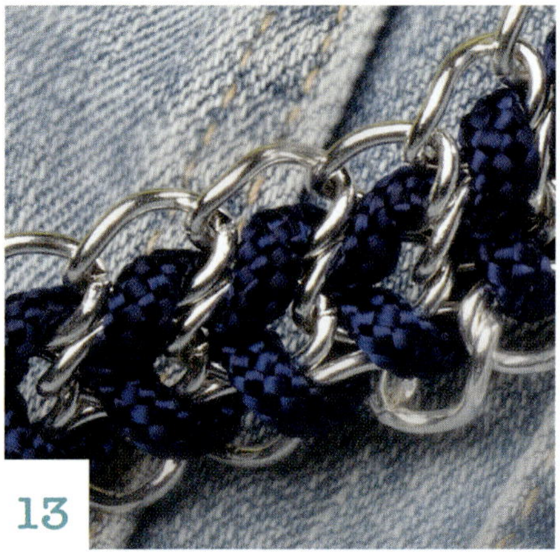

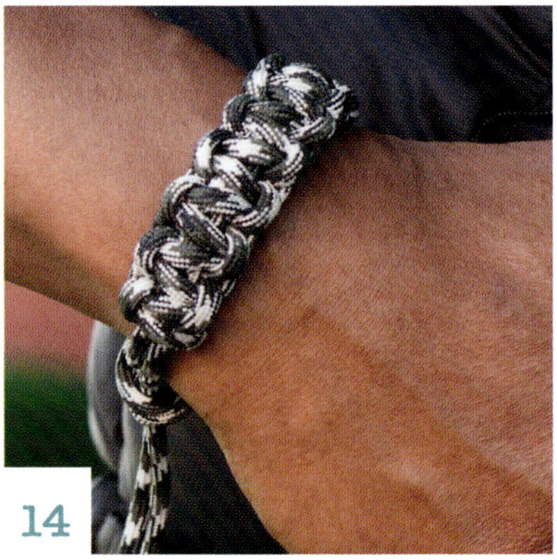

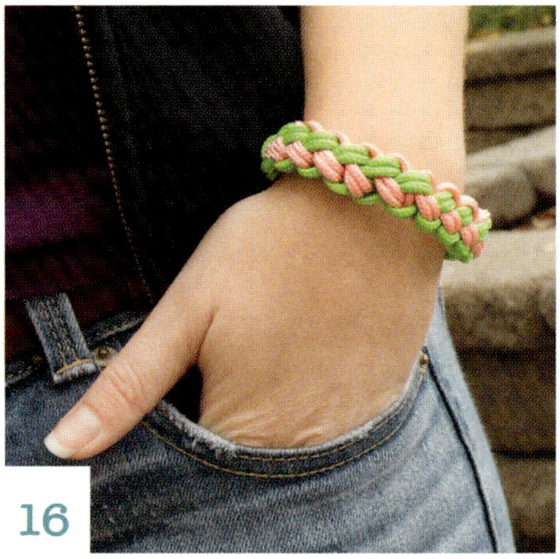

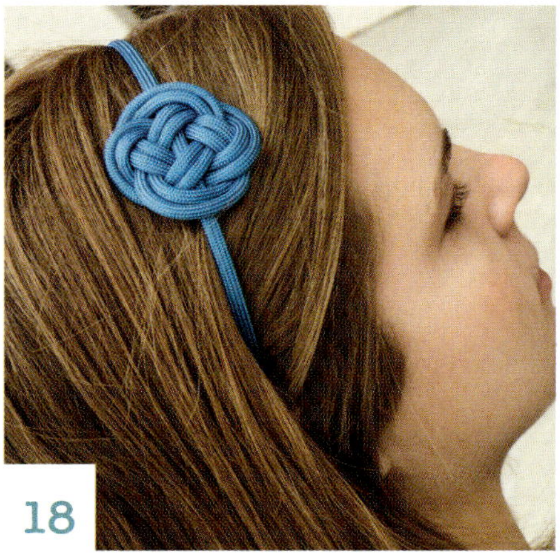

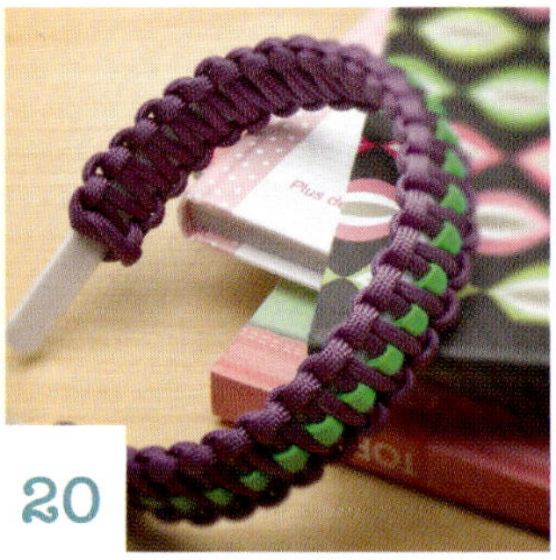

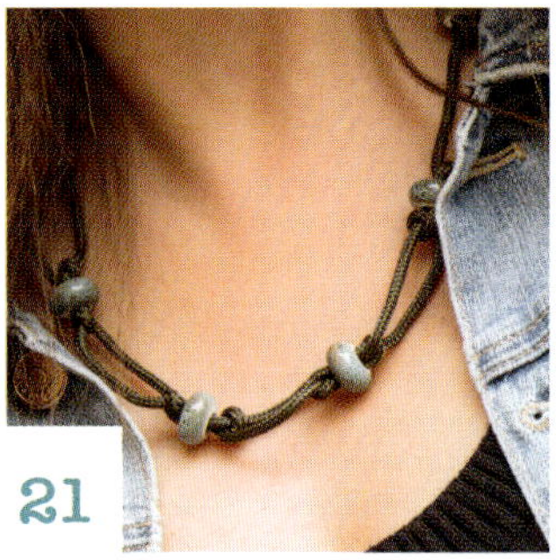

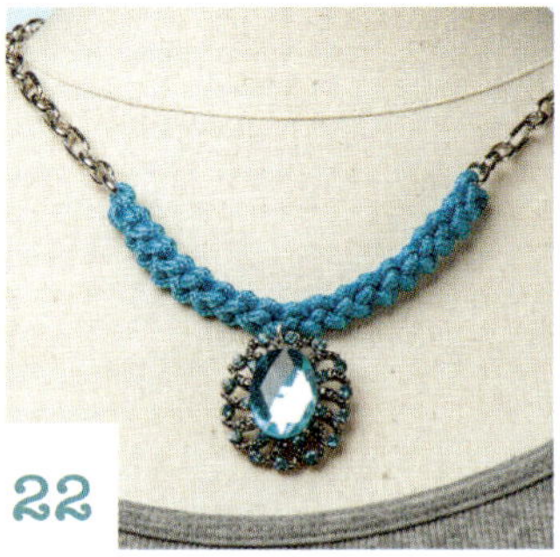

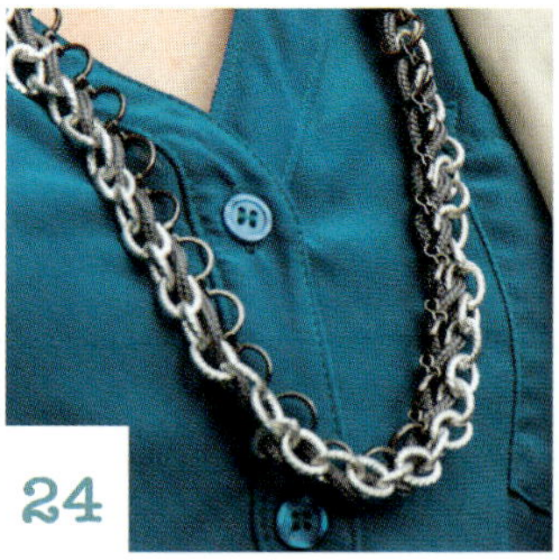

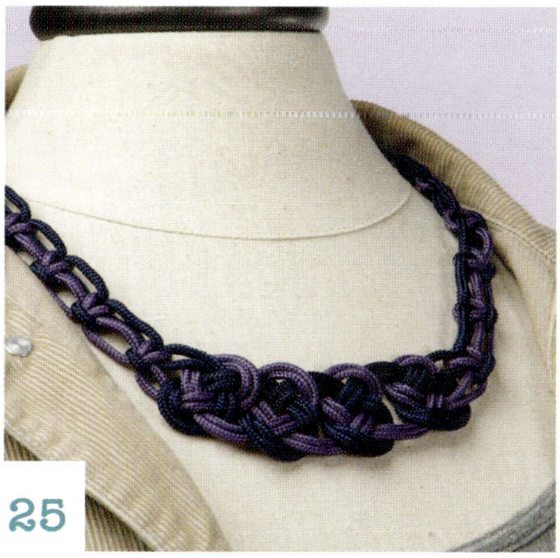

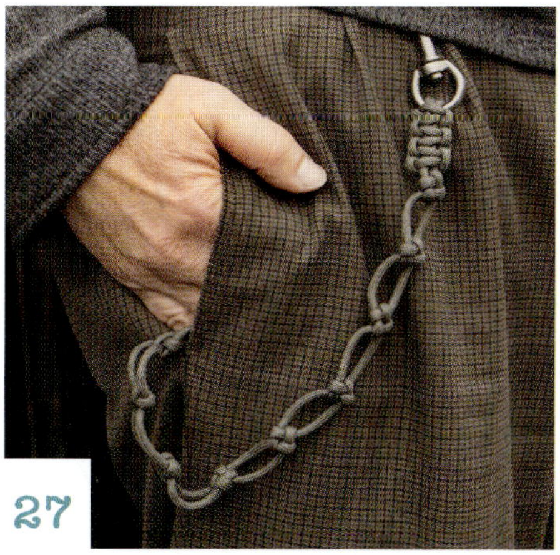

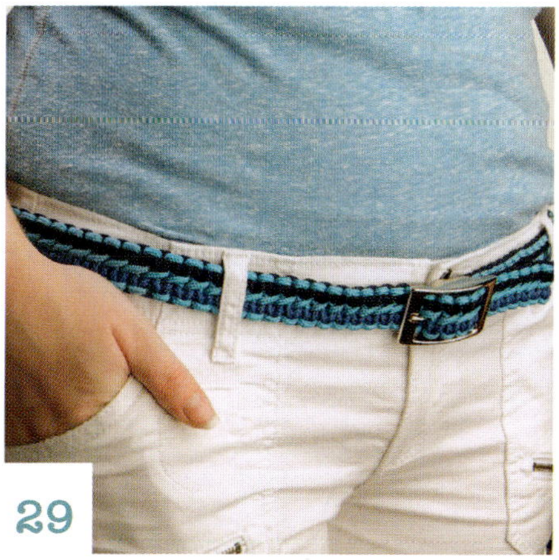

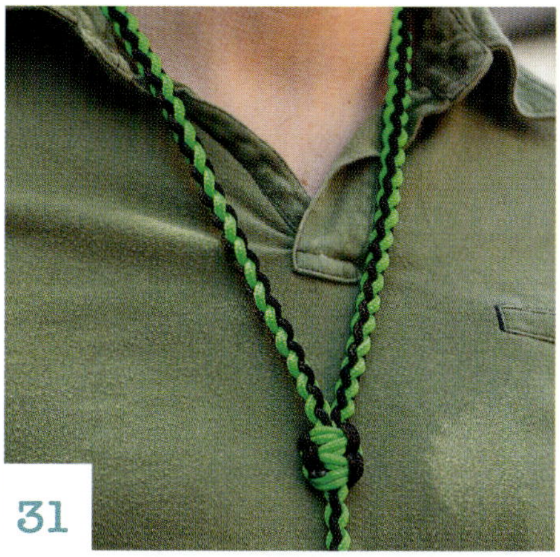

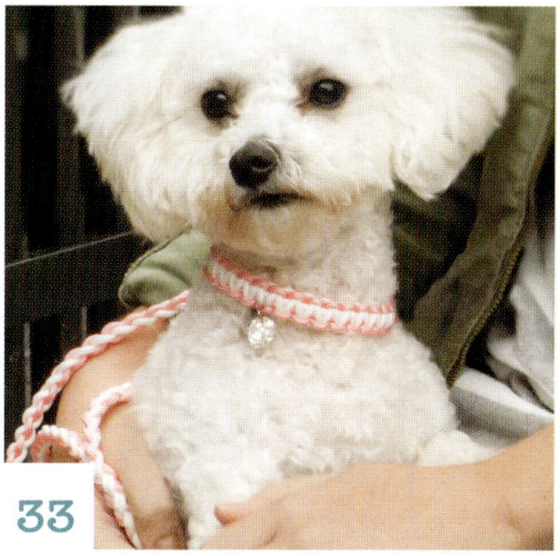

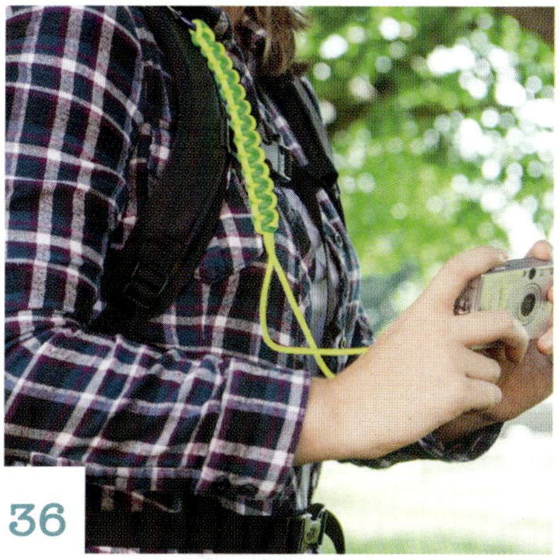

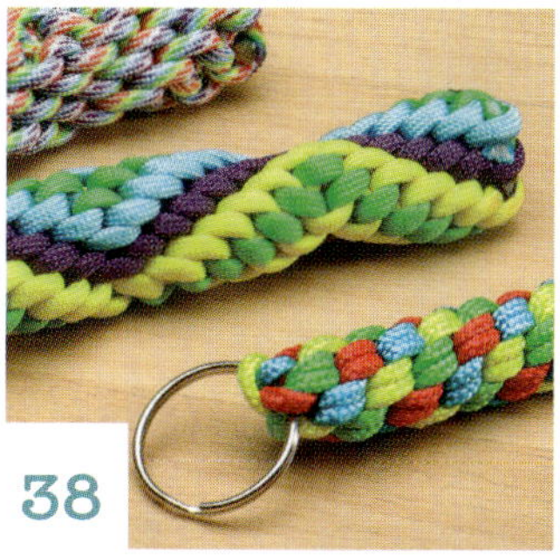

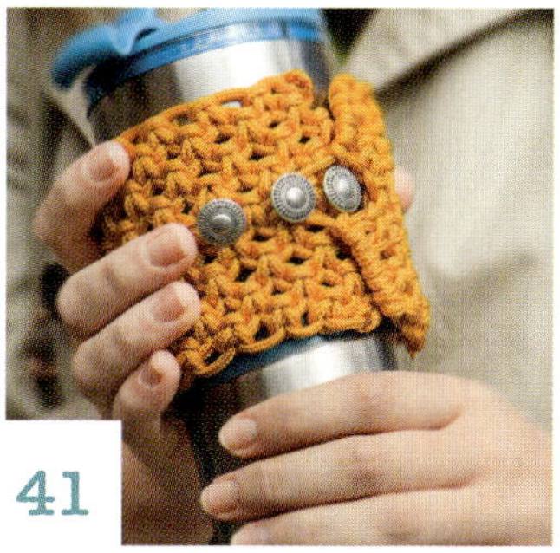

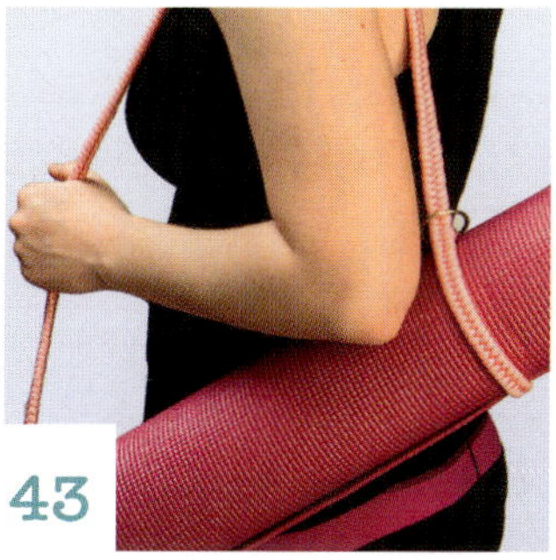

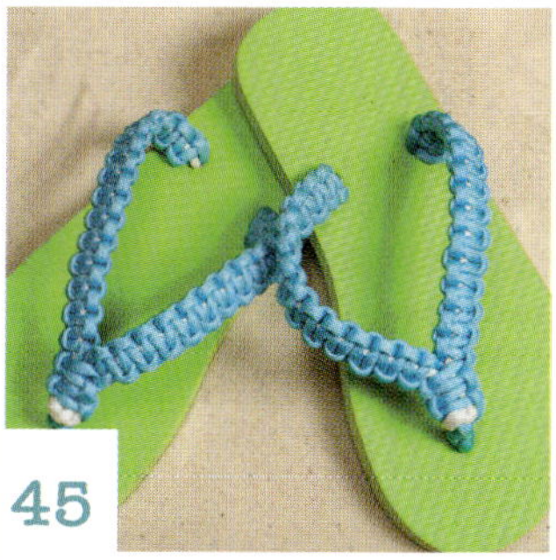

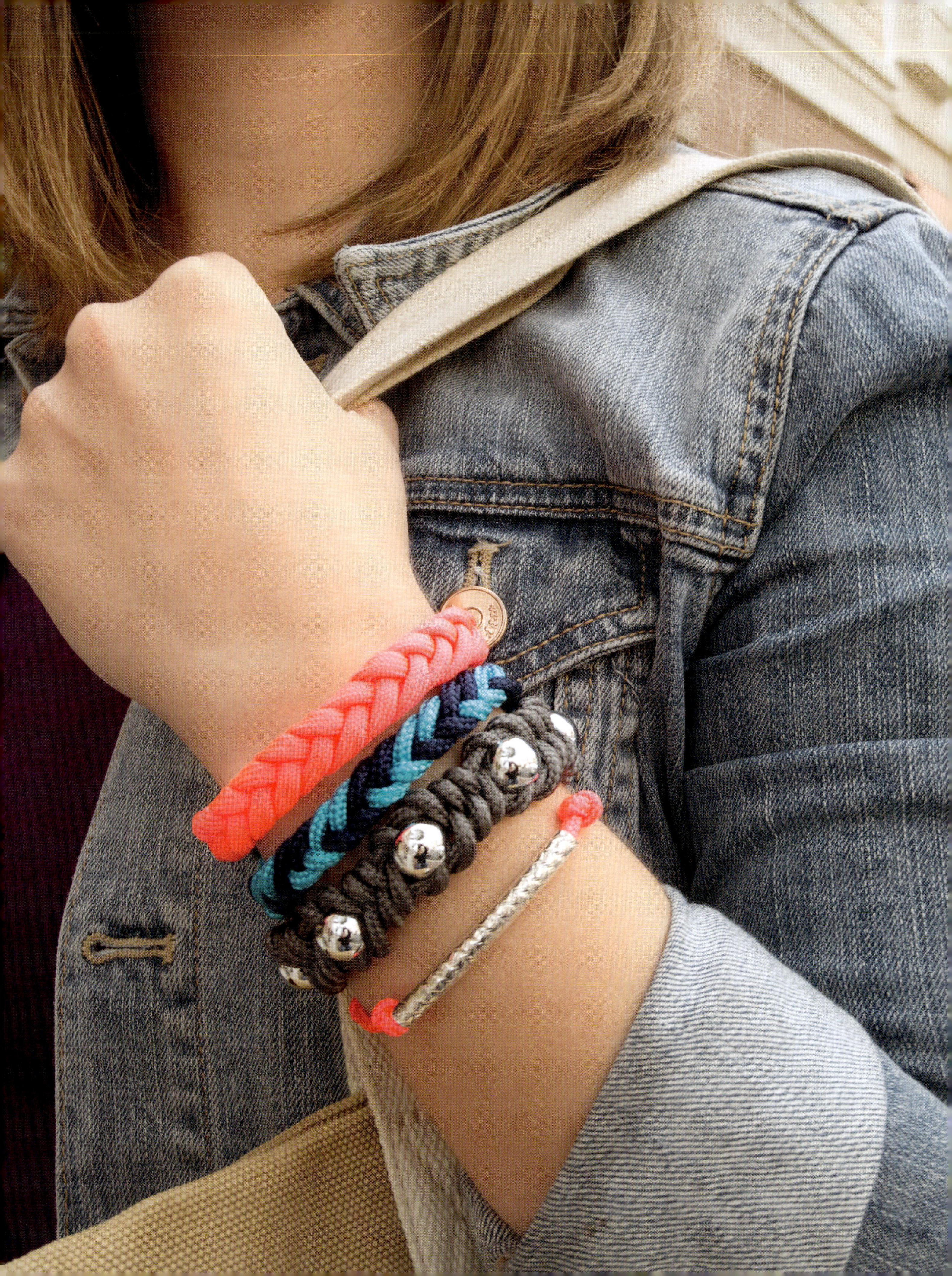

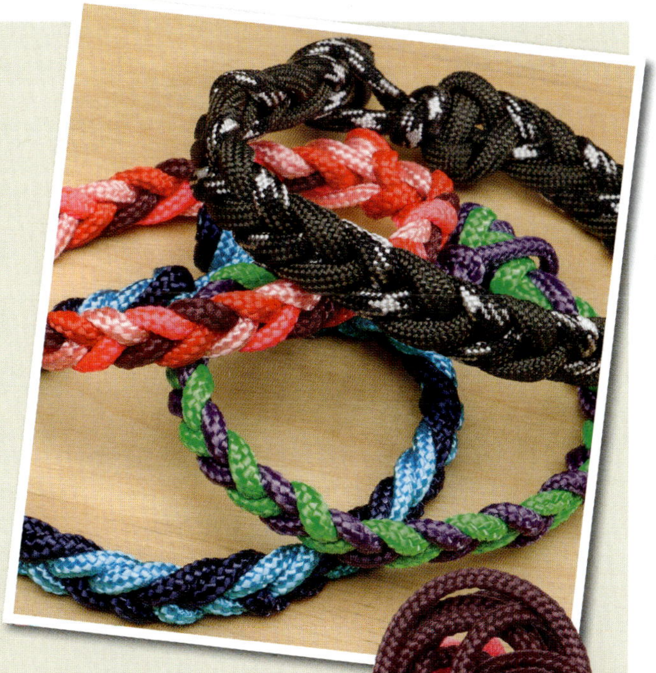

Einleitung

Ursprünglich im Zweiten Weltkrieg verwendet, ist Fallschirmschnur, oder auch Paracord genannt, zu einem nützlichen Kunst- und Handwerksmaterial geworden. Nach dem Sprung mussten die Fallschirmjäger so viel wie möglich von ihrer Ausrüstung wieder verwerten, um auf mögliche Rückschläge vorbereitet zu sein. Anstatt ein riesiges Bündel Fallschirmschnur mitzuschleppen, wurde der Paracord verwendet, um verschiedene Accessoires wie Gürtel, Armbänder oder praktische Transportgurte daraus zu basteln. In einer Notsituation konnten die Accessoires wieder auseinandergenommen und zum Abseilen verwendet werden.

Paracord wurde bekannt als „Überlebensschnur", um so die damit verbundene Vielseitigkeit auszudrücken. Inzwischen ist er auch ein beliebtes Produkt für den Outdoorsport geworden und aus der Urlaubsausrüstung für Bergsteiger, Wanderer und Camper nicht mehr wegzudenken. Paracord kann leicht als Ersatz für die verschlissenen Schuhbänder der Wanderschuhe dienen oder als Gurt die Campingausrüstung zusammenhalten. Da es Paracord inzwischen in zahlreichen modischen Farben gibt, taucht die Schnur auch immer wieder in Bastelläden als strapazierfähiges Material zum Basteln für Accessoires auf. Die Arbeiten, die sich in diesem Buch finden, können sowohl mit Paracord 550 als auch mit der leichteren Variante Paracord 325 geknüpft werden. Die Nummern entsprechen den Militärstandards für das Mindestmaß an Zugfestigkeit.

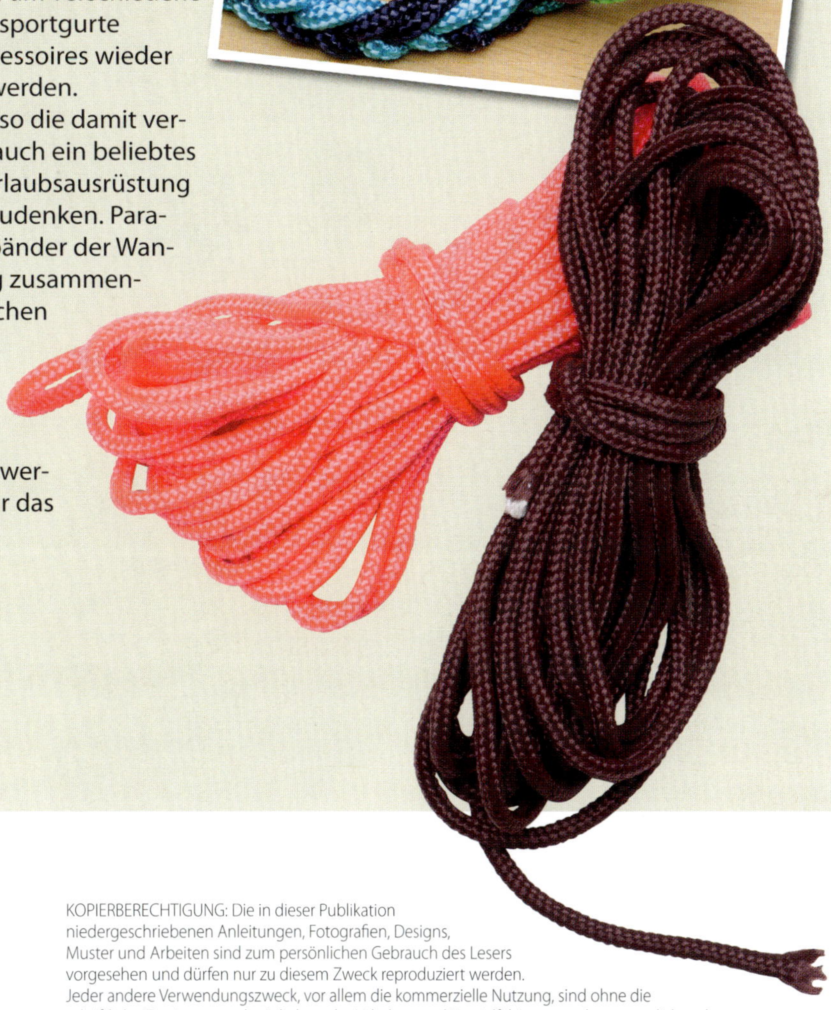

Titel der englischen Originalausgabe: Parachute Cord Craft

Texte und Illustrationen von Samantha Grenier.

Aus dem Englischen übertragen von Nina Schön.

Bibliografische Information der Deutschen Nationalbibliothek
Die Deutsche Nationalbibliothek verzeichnet diese Publikation in der Deutschen Nationalbibliografie; detaillierte bibliografische Daten sind im Internet unter http://dnb.d-nb.de abrufbar.

Hinweis: Dieses Buch wurde auf chlorfrei gebleichtem Papier gedruckt. Die zum Schutz vor Verschmutzung verwendete Einschweiß folie ist aus Polyethylen chlor- und schwefelfrei hergestellt. Diese umweltfreundliche Folie verhält sich grundwasserneutral, ist voll recyclingfähig und verbrennt in Müllverbrennungsanlagen völlig ungiftig.

Auf Wunsch senden wir Ihnen gerne kostenlos unser Verlagsverzeichnis zu:
Leopold Stocker Verlag GmbH, Hofgasse 5 / Postfach 438, A-8011 Graz
Tel.: +43 (0)316/82 16 36, Fax: +43 (0)316/83 56 12
E-Mail: stocker-verlag@stocker-verlag.com, www.stocker-verlag.com
ISBN 978-3-7020-1457-5

Satz und Repro: Werbeagentur Rypka GmbH, 8143 Dobl/Graz, www.rypka.at

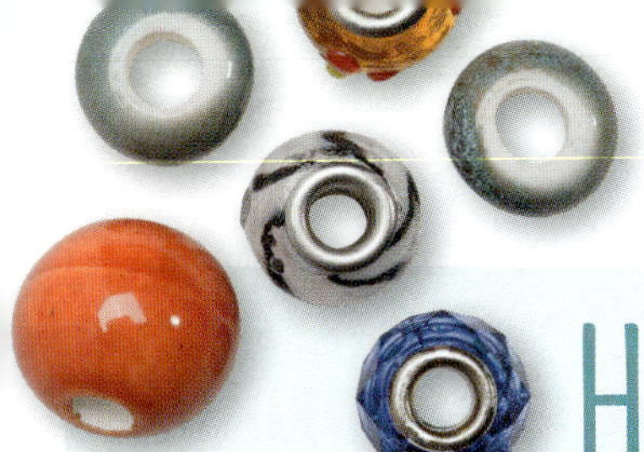

Handwerkszeug

Zusätzlich zur Schnur selbst können auch andere Accessoires notwendig sein, um eine Reihe von Arbeiten in diesem Buch fertigstellen zu können. Für alle Arbeiten werden ein Lineal, eine Schere und ein Feuerzeug für die Enden benötigt. Eine Büroklammer ist praktisch, wann immer die Schnur zurück in die Knoten verwoben werden soll, um die Arbeit fertigzustellen. Eine Schmuckzange kann für Schmuckarbeiten, denen Ketten, Ösen, Quetschperlen oder Bandklemmen zugefügt werden, vonnöten sein.

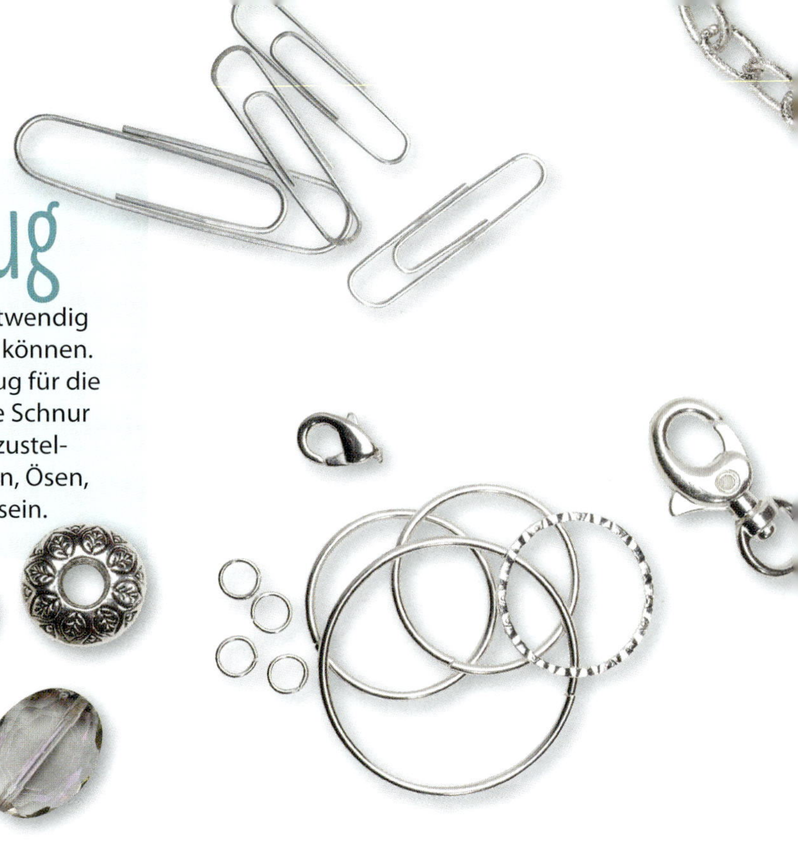

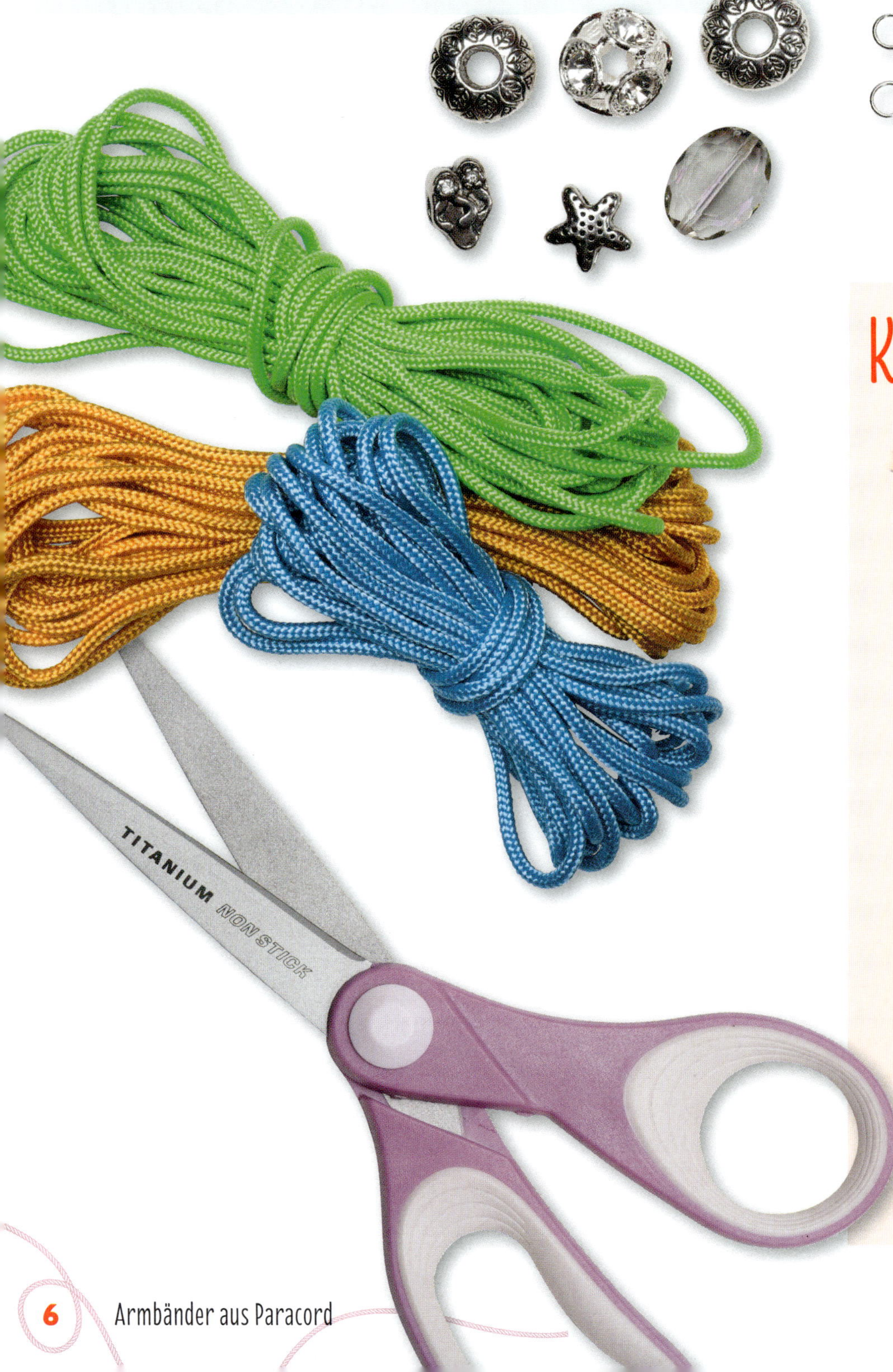

Kleine Knotenkunde

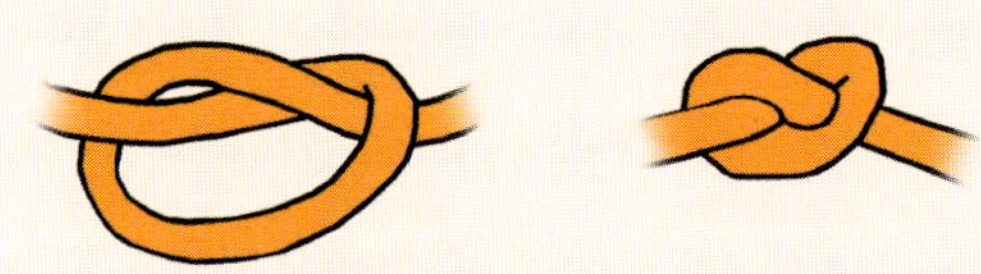

Einfacher Überhandknoten

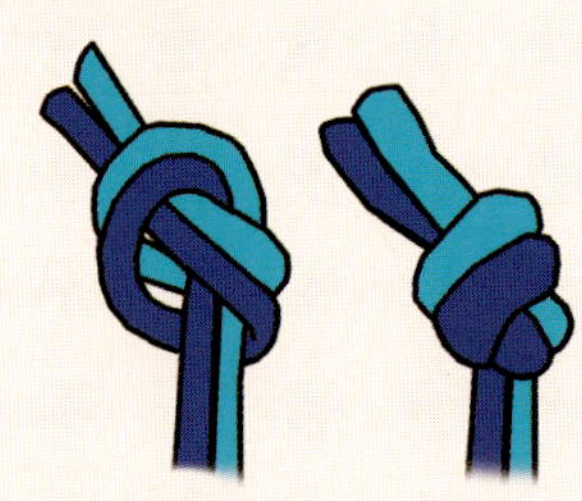

Doppelter Überhandknoten

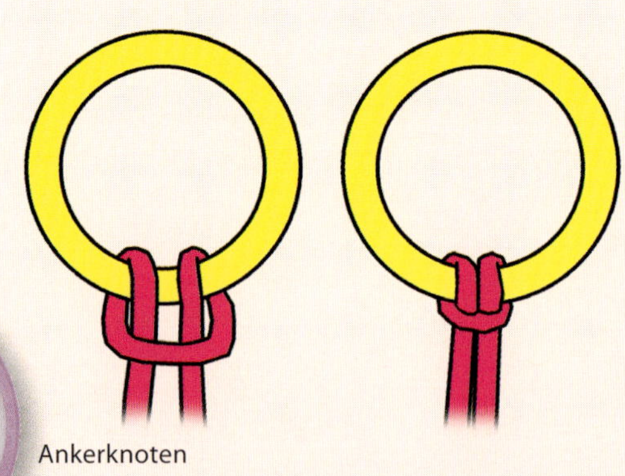

Ankerknoten

Arbeit mit Ketten

Kettenglieder, Ösen und Ketten können notwendig sein, um eine Knüpfarbeit fertigzustellen. Mit nicht verschweißten Ketten zu arbeiten ist einfach. Zum Öffnen und Schließen eines Kettengliedes benötigt man zwei Zangen. Das Kettenglied, das geöffnet werden soll, mit beiden Zangen an beiden Seiten des Verschlusses greifen (Abb. 1). Das Glied öffnen, indem man eine der Zangen vom Körper weg und eine zum Körper hin bewegt (Abb. 2). Wird es auf diese Weise geöffnet, hilft das dabei, die Form des Gliedes zu bewahren und es dann wieder fest verschließen zu können. Ziehen Sie die Enden nicht auseinander (Abb. 3), denn sonst wird es schwierig, das Kettenglied wieder punktgenau und fest zu verschließen. Verwenden Sie stattdessen dieselbe Methode wie zum Öffnen, wenn Sie das Glied wieder ordentlich verschließen möchten.

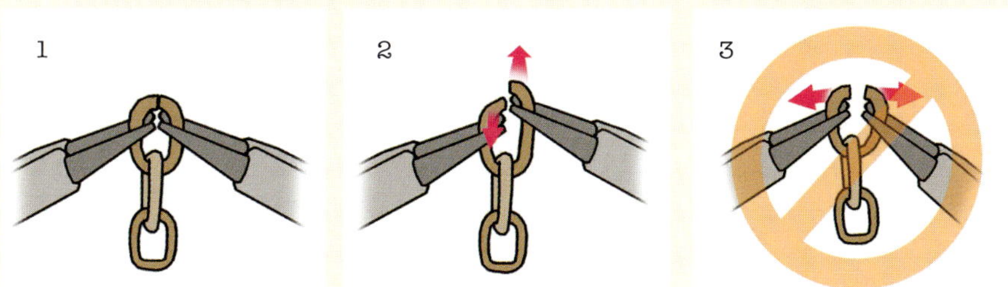

Bandklemmen

Um eine Arbeit zu beenden, ohne Knoten in die Schnur knüpfen zu müssen, können Sie auch Bandklemmen verwenden, und die Arbeit mit Ketten und anderen Stücken aus Ihrem Fundus fertigstellen. Wenn Sie mit Paracord arbeiten, brauchen Sie Bandklemmen mit der Breite von mindestens 2–2,5 cm (Abb. 1). Legen Sie die Enden der Schnur mittig zwischen die Zähnchen des Bandverschlusses (Abb. 2). Den Verschluss mit einer Zange gleichmäßig zusammenkneifen. (Abb. 3)

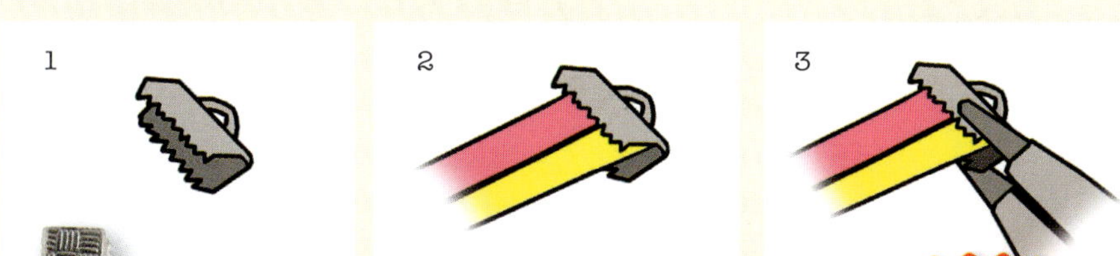

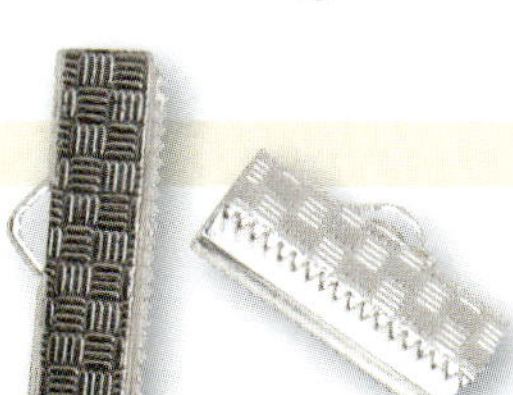

WARNUNG
Die Arbeit mit einer offenen Flamme kann zu Verbrennungen und anderen Verletzungen führen. Bitte um äußerste Vorsicht, wenn Sie Paracord verschmelzen.

Verschmelzen

Alle abgeschnittenen Enden des Paracords sollten Sie vor Beginn der Arbeit miteinander verschmelzen. Dies macht das Knüpfen viel einfacher, weil es verhindert, dass die Schnur ausfranst. Zum Schmelzen benutzen Sie die offene Flamme eines Feuerzeugs. Ein Lötkolben oder ein Brandmalgerät kann für einen kontrollierten Hitzeschnitt ebenso verwendet werden. Es kann bis zu einer Minute dauern, bis geschmolzenes Nylon aushärtet und abkühlt, daher die geschmolzene Schnur nicht anfassen! Da das Verschmelzen der Enden Arbeit mit einer gefährlichen Hitzequelle beinhaltet, sollte auch nur ein verantwortungsvoller Erwachsener dies erledigen.

Wenn Sie die Enden verschmelzen, halten Sie das Feuerzeug immer senkrecht, um Verbrennungen zu vermeiden (Abb. 1). Arbeiten Sie nur mit bündig und sauber geschnittenen Enden; machen Sie einen frischen Schnitt, wenn nötig (Abb. 2). Auch wenn die Schnur selbst zu 100 % aus Nylon besteht, können Seele und Außenmaterial verschiedenartig schmelzen, was zu ungleichmäßigen Enden oder sogar zum Verbrennen führen kann.

Es können auch zwei Stränge zu einem verschmolzen werden. Das könnte notwendig werden, wenn Ihnen das Material ausgeht oder wenn Sie einen Farbwechsel vornehmen möchten. Halten Sie die beiden Enden einfach parallel aneinander und schneiden Sie diese bündig zurecht (Abb. 3). Halten Sie die Spitzen für etwa 5 Sekunden in die Flamme, oder bis die geschmolzene Schnur beginnt, dunkel zu werden. Schnell die Flamme entfernen und die beiden Enden fest zusammendrücken (Abb. 4). Mit Druck die Enden etwa 20 Sekunden, oder bis die geschmolzenen Spitzen abkühlen und hart werden, zusammenhalten.

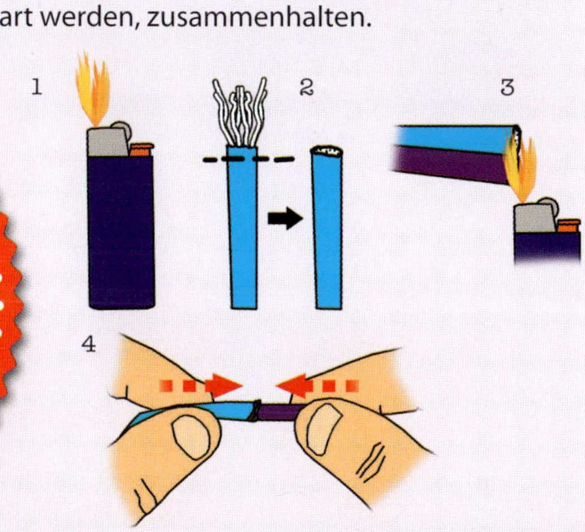

Peppen Sie Ihre Garderobe mit Fallschirmschnur auf!

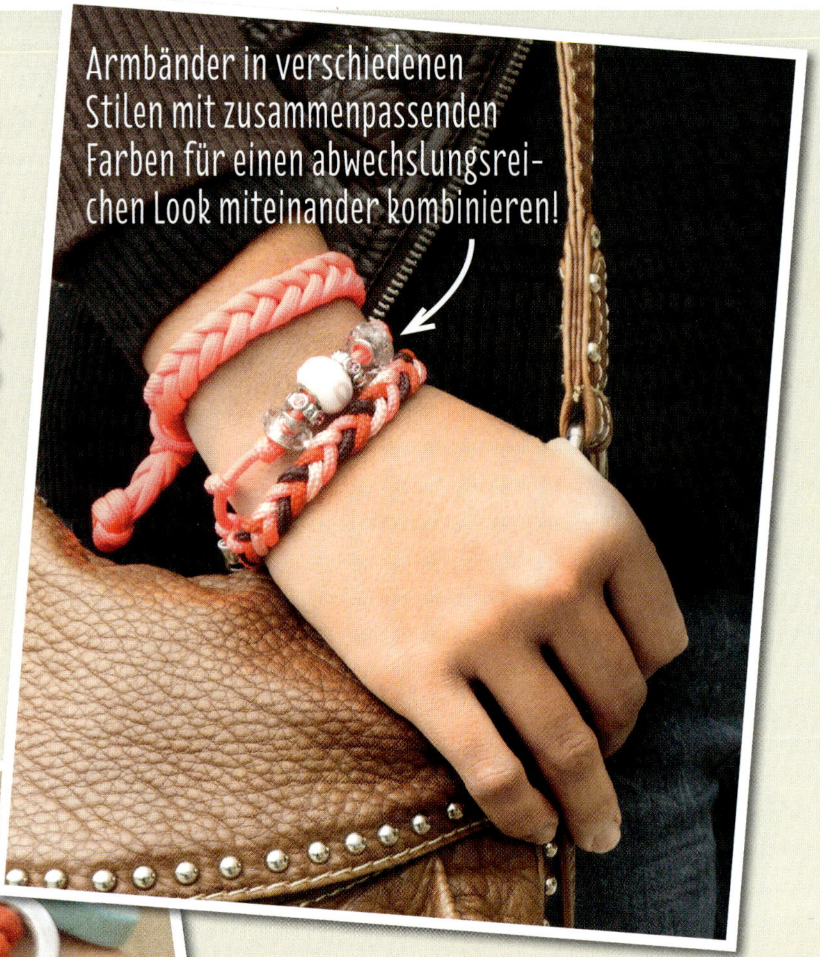

Armbänder in verschiedenen Stilen mit zusammenpassenden Farben für einen abwechslungsreichen Look miteinander kombinieren!

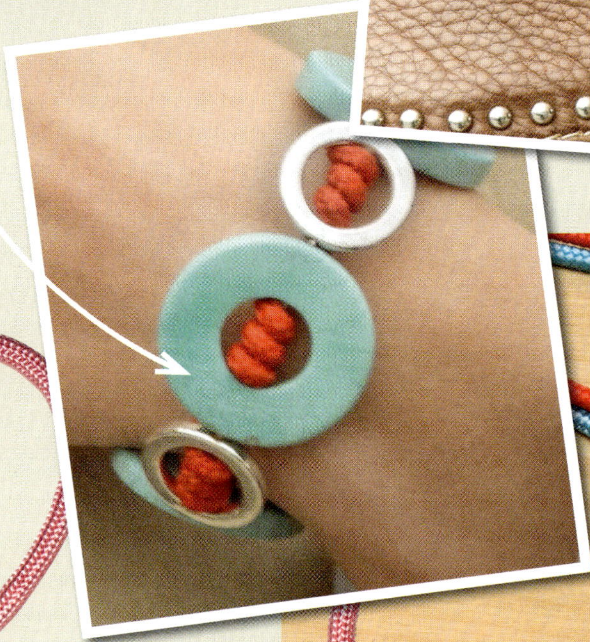

Die gewünschten Perlen auf Schmuckdraht fädeln und diesen für einen Farbklecks mit Paracord umwickeln.

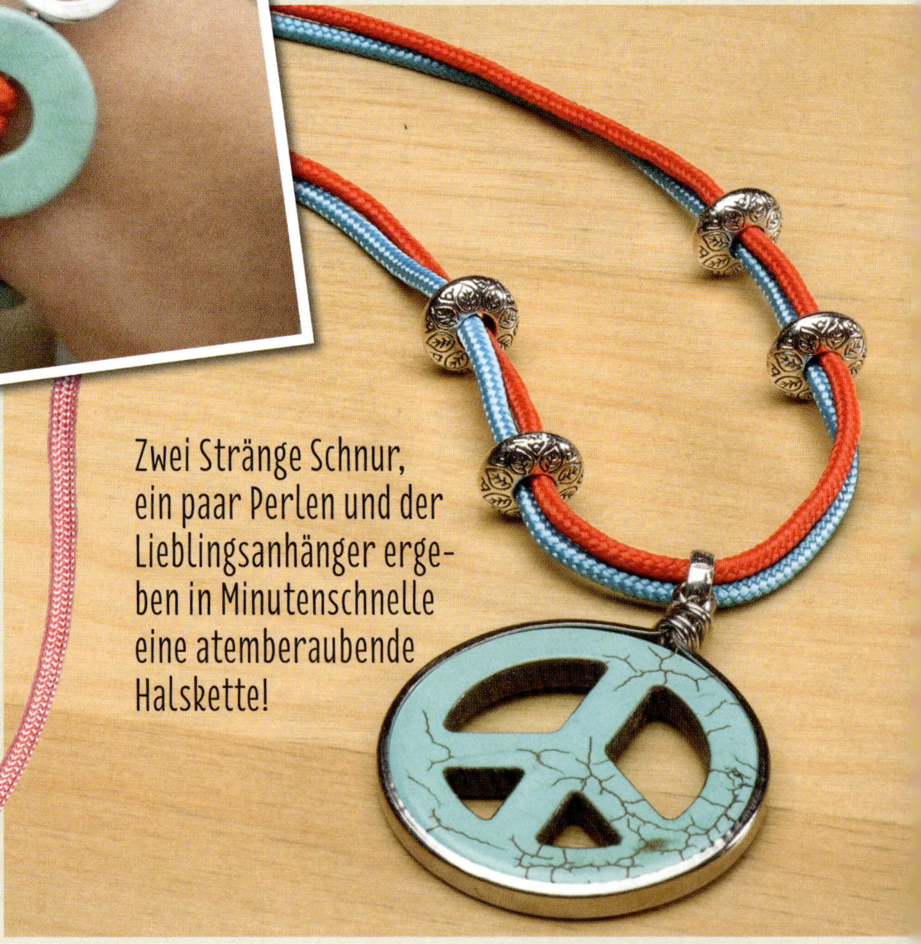

Zwei Stränge Schnur, ein paar Perlen und der Lieblingsanhänger ergeben in Minutenschnelle eine atemberaubende Halskette!

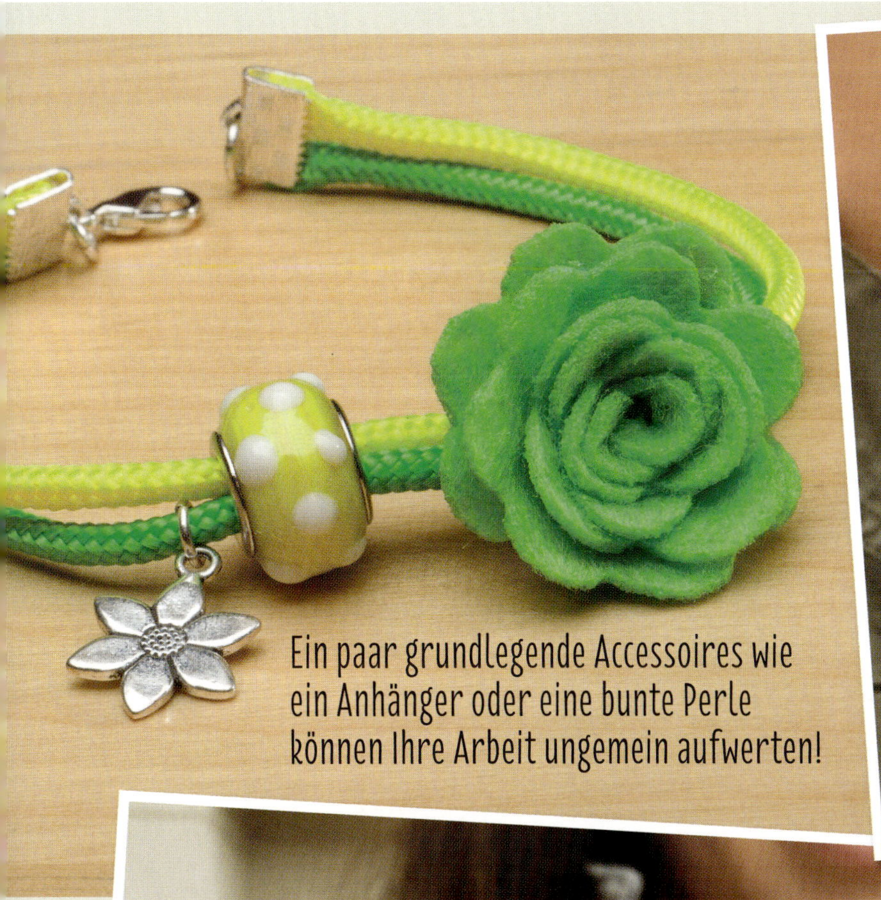

Ein paar grundlegende Accessoires wie ein Anhänger oder eine bunte Perle können Ihre Arbeit ungemein aufwerten!

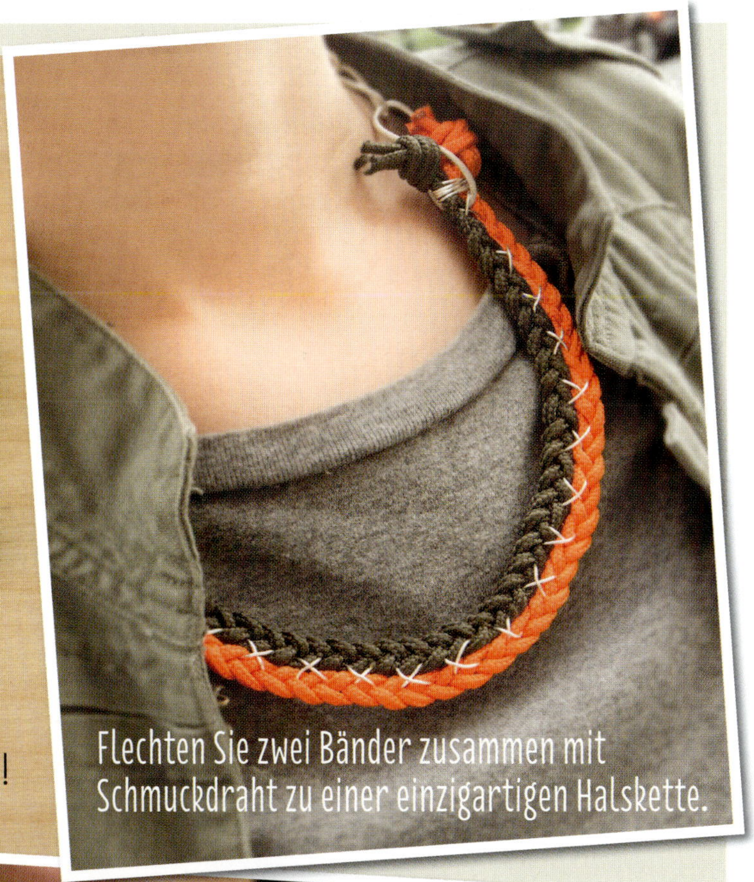

Flechten Sie zwei Bänder zusammen mit Schmuckdraht zu einer einzigartigen Halskette.

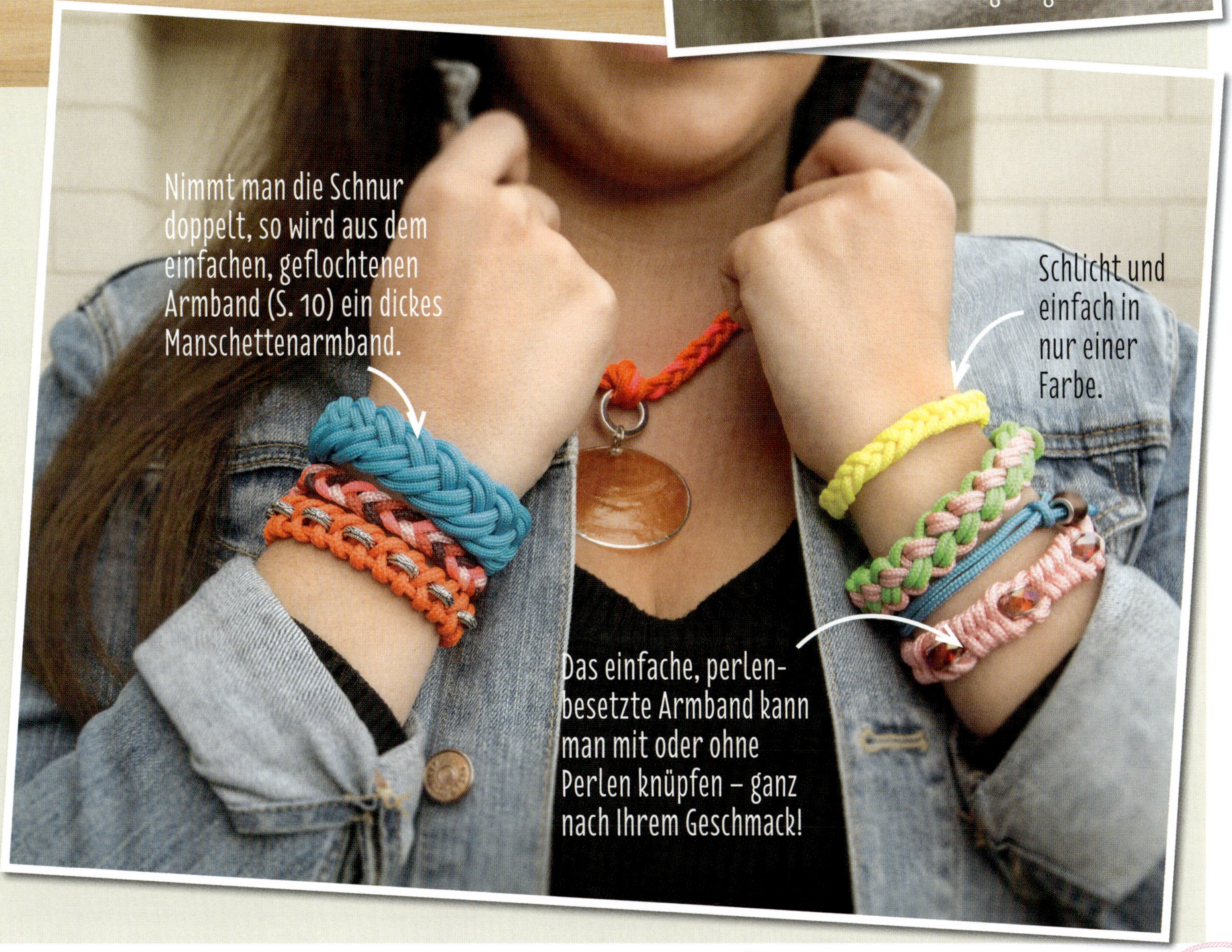

Nimmt man die Schnur doppelt, so wird aus dem einfachen, geflochtenen Armband (S. 10) ein dickes Manschettenarmband.

Schlicht und einfach in nur einer Farbe.

Das einfache, perlenbesetzte Armband kann man mit oder ohne Perlen knüpfen – ganz nach Ihrem Geschmack!

Einfaches, geflochtenes Armband

Ein farbenfrohes, individuelles Accessoire

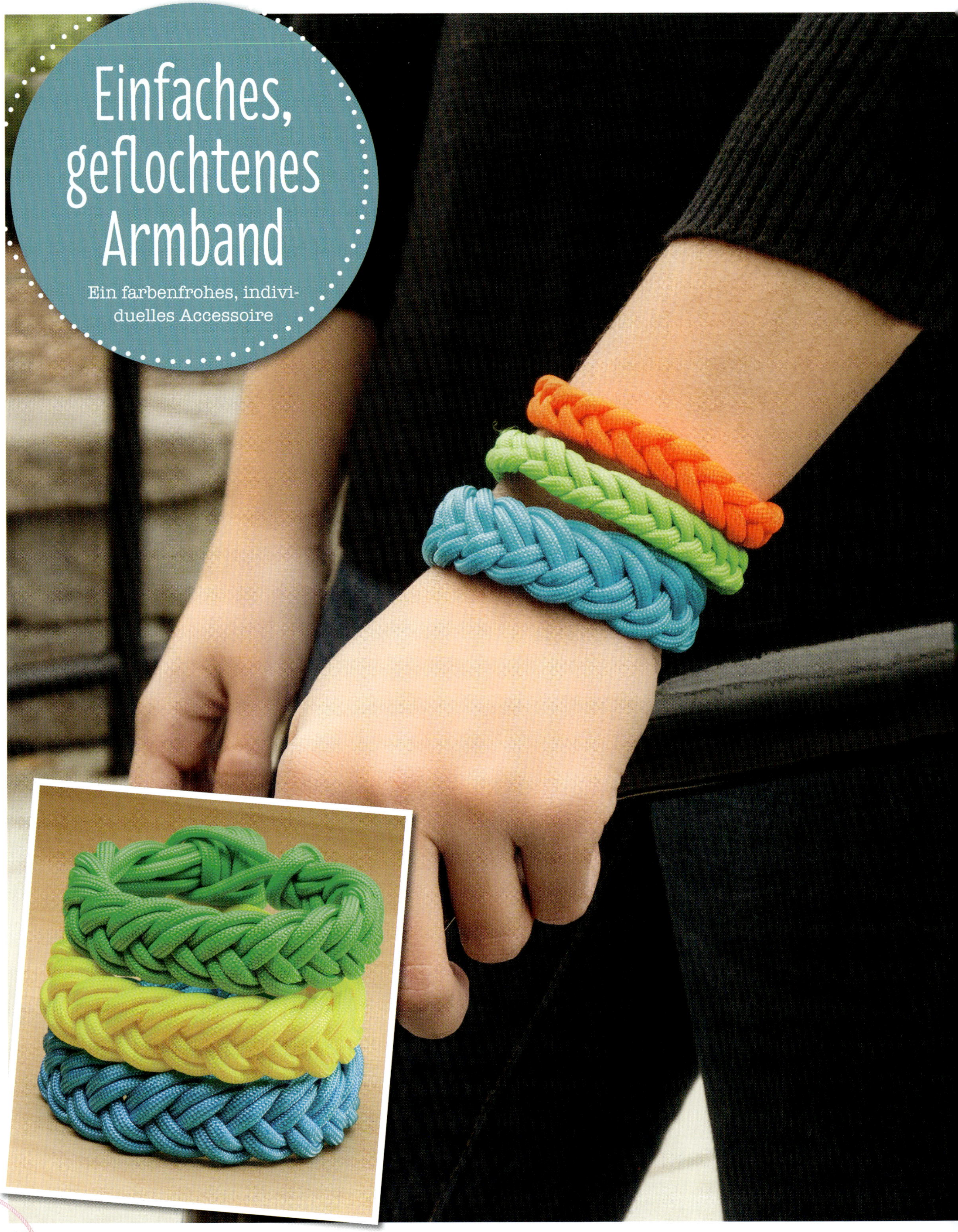

Abb. 1

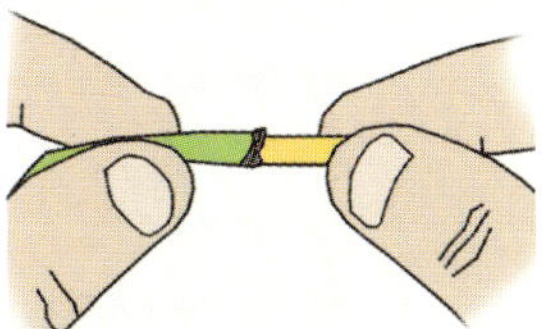

Schnüre miteinander verschmelzen

Abb. 2

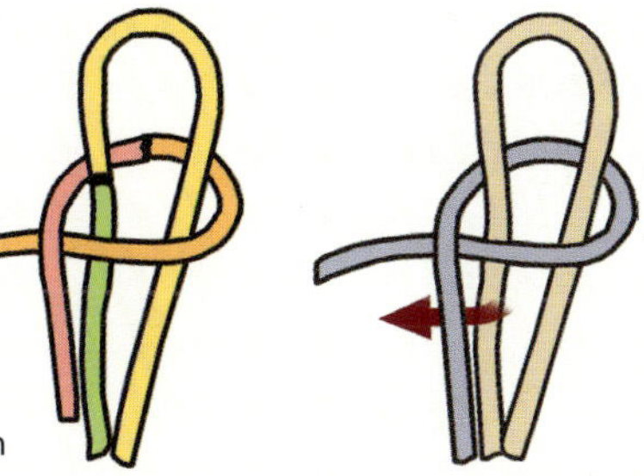

Beispiel mit 4 Farben

Abb. 3

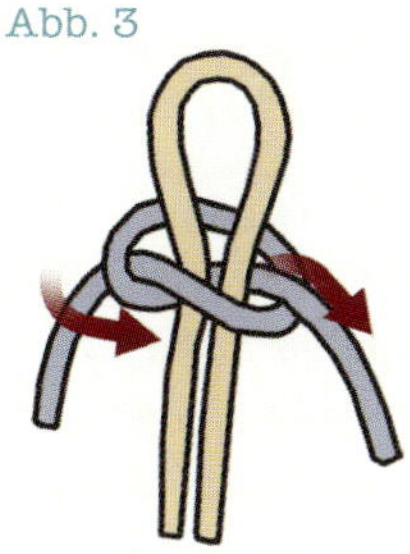

Abb. 4

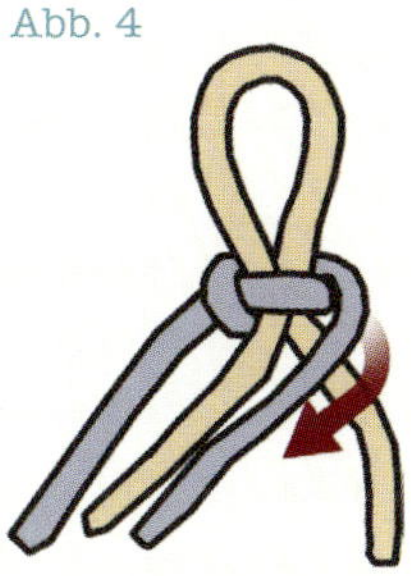

Abb. 5

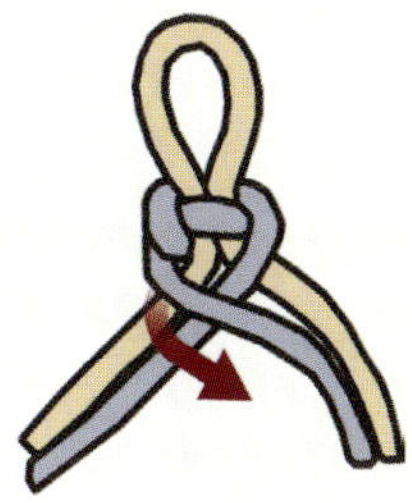

Abb. 6

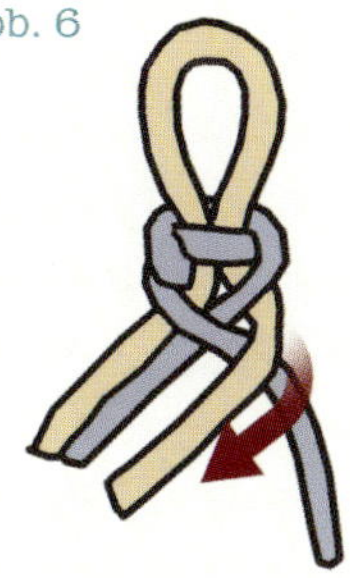

Abb. 7

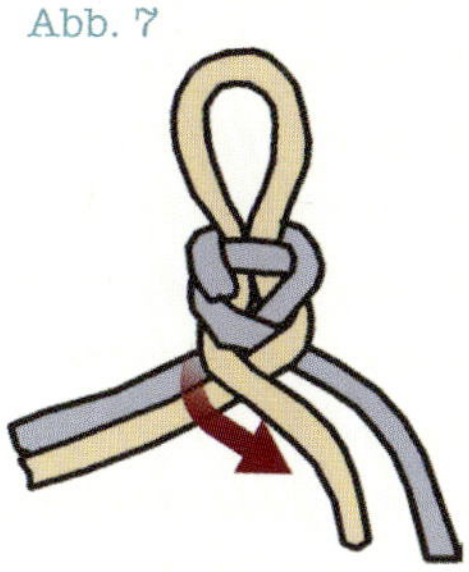

Abb. 8

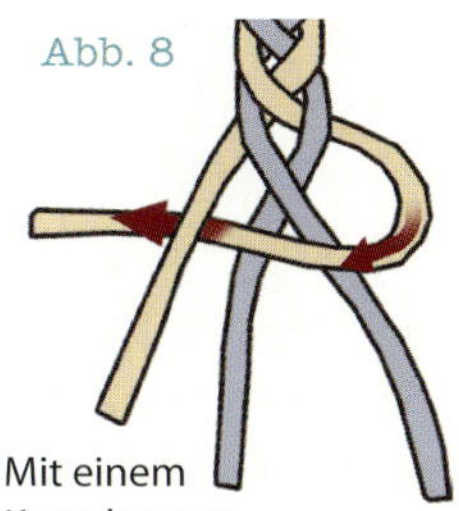

Mit einem Kreuzknoten abschließen

Abb. 9

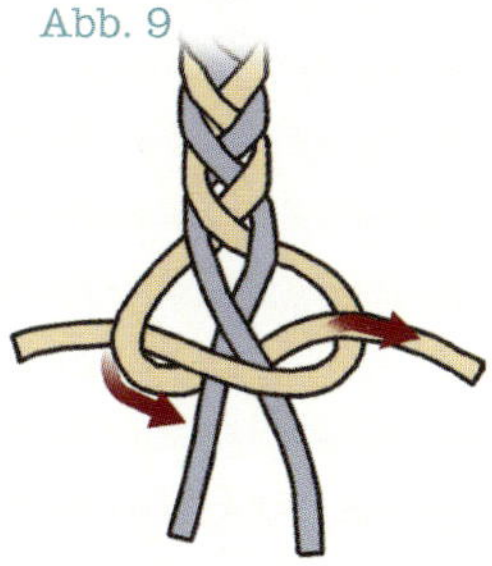

Abb. 10

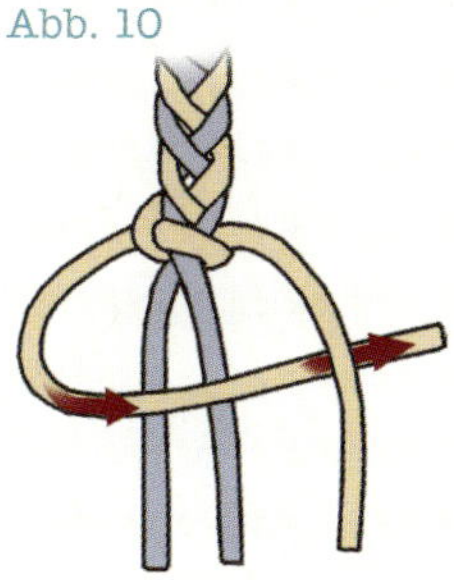

Abb. 11

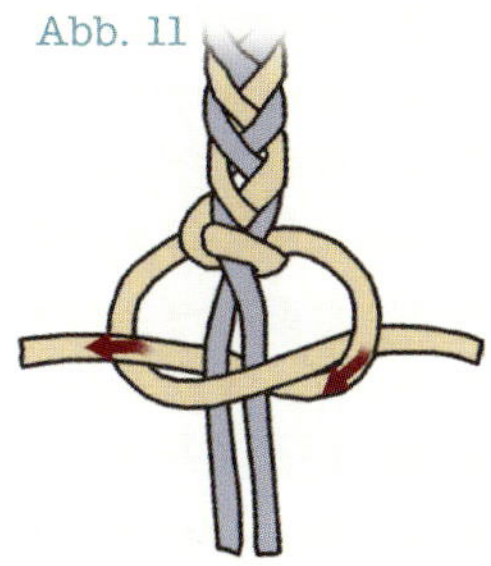

Abb. 12

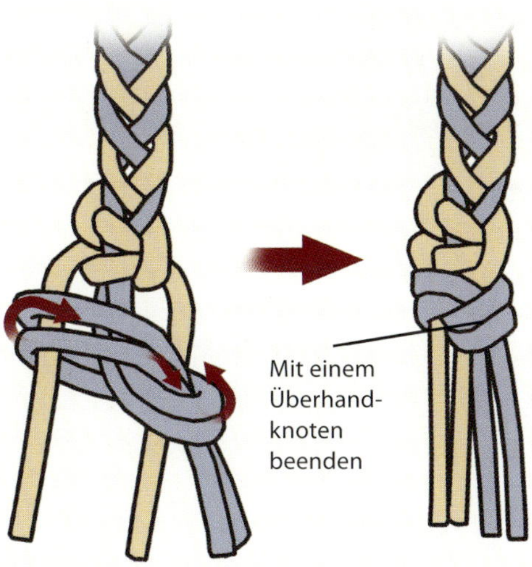

Mit einem Überhandknoten beenden

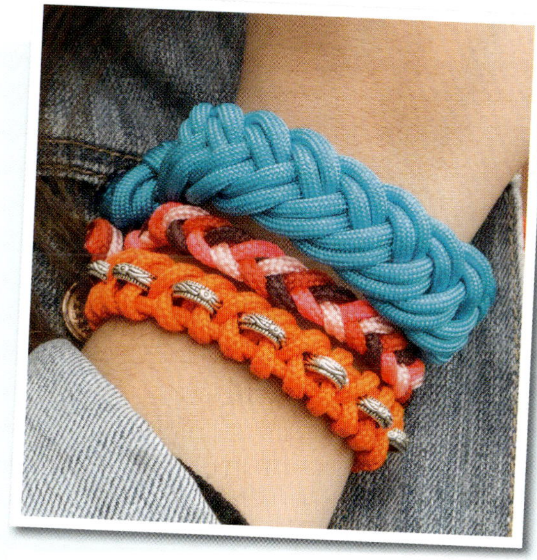

Material

- Zwei Stränge Paracord 550 oder 325 zu je 1 m für ein zweifarbiges Armband
- Vier Stränge Paracord 550 oder 325 zu je 50 cm für ein vierfarbiges Armband

Schritt 1: Wenn Sie mit vier verschiedenen Farben Paracord arbeiten, verschmelzen Sie die Enden von zwei Strängen miteinander, um 2 Schnüre mit je 1 m zu erhalten. Mit den verbleibenden 2 Schnüren wiederholen.

Schritt 2: Die Mitte der beiden Stränge finden und wie auf Abb. 2 anordnen.

Schritt 3: Verknoten Sie die einzelnen Stränge mit Hilfe eines Überhandknotens miteinander. (Abb. 3)

Schritt 4: Folgen Sie den Abb. 4–7, um einen flachen Zopf mit vier Strängen zu flechten. In diesem Muster weiterflechten, bis das Armband die gewünschte Länge erreicht hat (ca. 16,5–18 cm für die meisten Erwachsenen)).

Schritt 5: Einen Kreuzknoten am Ende des Armbands knüpfen, um ein Auftrennen des Bandes zu verhindern (Abb. 8–11).

Schritt 6: Mit den mittleren Strängen einen doppelten Überhandknoten um die beiden äußeren Schnüre knüpfen, um das Ende des Armbandes fertigzustellen (Abb. 12). Den Knoten dabei so klein knüpfen, dass er durch die Schlinge am anderen Ende des Armbandes passt, aber auch nicht zu klein werden lassen, damit er nicht nach dem Verschließen wieder aus der Schlinge herausrutscht.

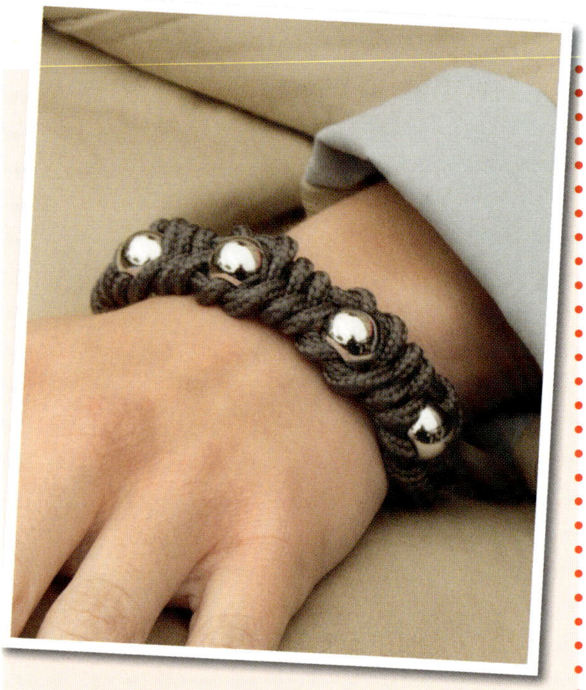

Einfaches, perlenbesetztes Armband

Das Armband mit dem gewissen Etwas

Material

- Ein Strang Paracord 325 zu 61 cm
- Ein Strang Paracord 325 zu 1,5 m
- 4–6 Perlen mit großem Loch

Schritt 1: Die 61 cm lange Schnur in der Mitte zusammenfalten und mit den Enden einen dicken doppelten Überhandknoten knüpfen (Abb. 1). Am anderen Ende die 1,5 m lange Schnur mittig hinter der ersten Schnur anordnen (Abb. 2).

Schritt 2: Folgen Sie den Abb. 3–5, um das einfache Webmuster herzustellen.

Schritt 3: Die Perlen auf die Schnur fädeln und weiter weben (Abb. 6–8). Etwa alle 2,5 cm eine Perle einarbeiten.

Schritt 4: Zum Beenden einen Kreuzknoten (Abb. 9–12) knüpfen und diesen festziehen. Die überschüssige Schnur abschneiden und die Enden miteinander verschmelzen.

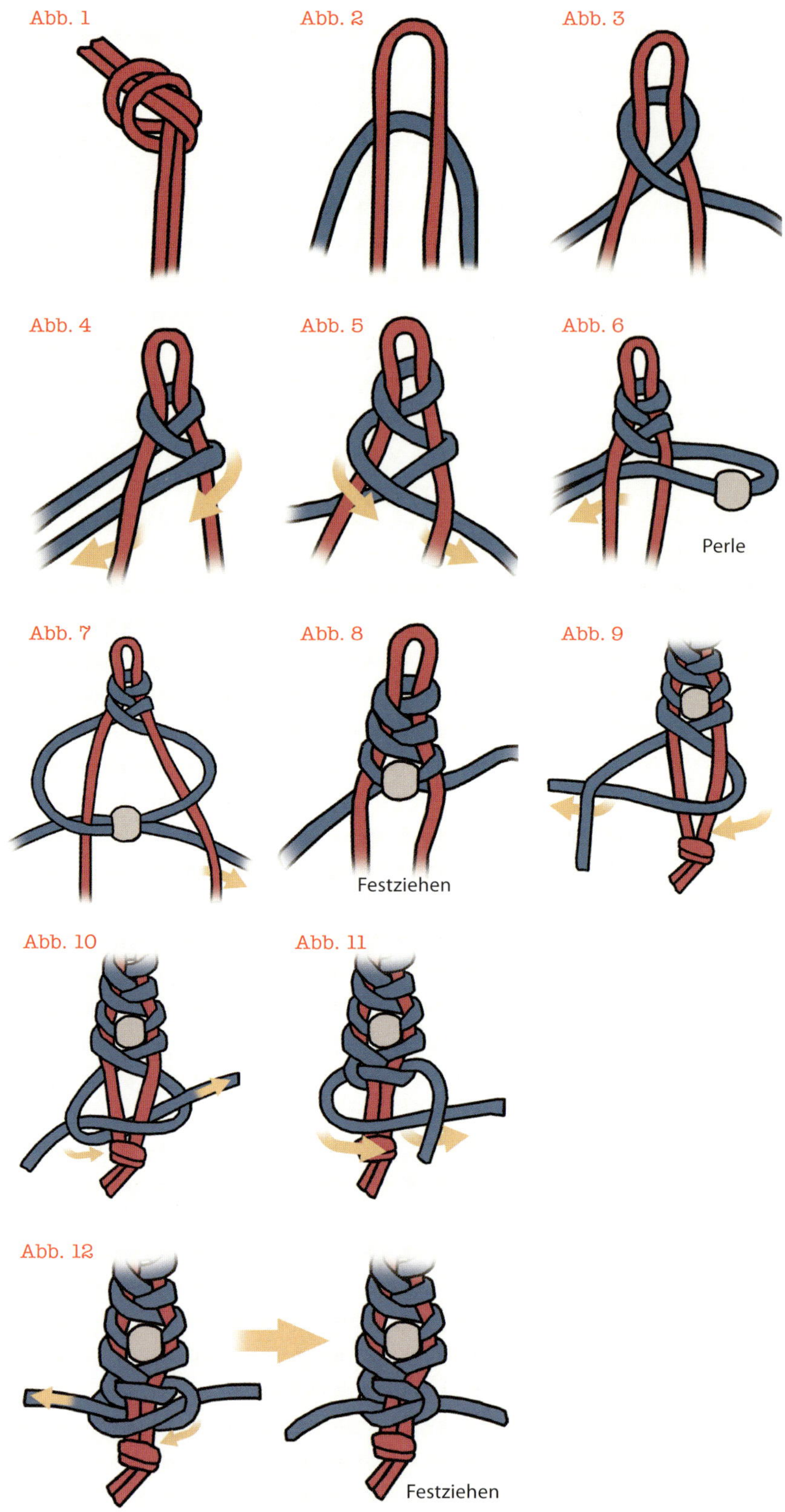

Kettenarmband im Fischgrätmuster

Raffiniert und glänzend

Material

- Ein Strang Paracord 325 zu 1 m
- Drei Ketten zu je 16,5–18 cm, davon eine Kette mit einem zusätzlichen Kettenglied
- Ein Schmuckverschluss
- Eine zusätzliche Kette mit einer Länge von 5–7,5 cm oder Schlüsselringe
- Ein Brett mit Stecknadeln

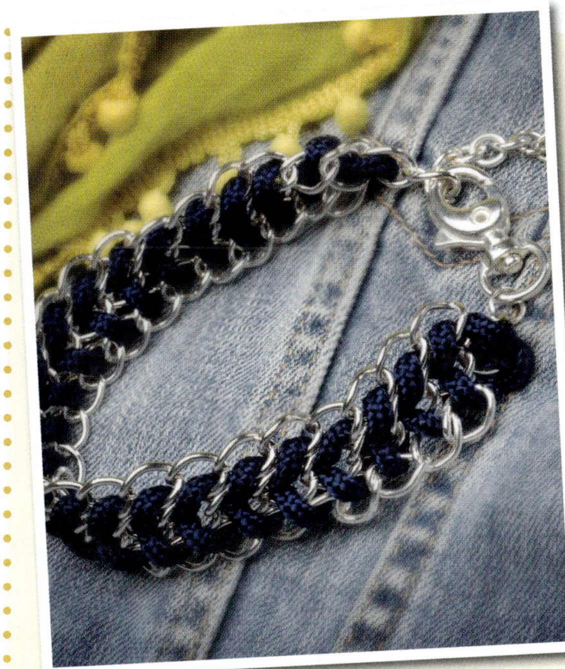

Abb. 1

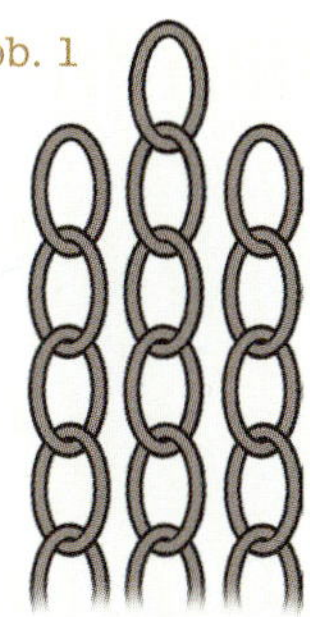

Abb. 2

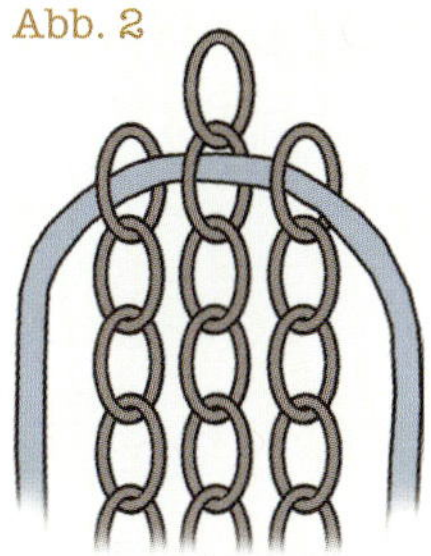

Abb. 3

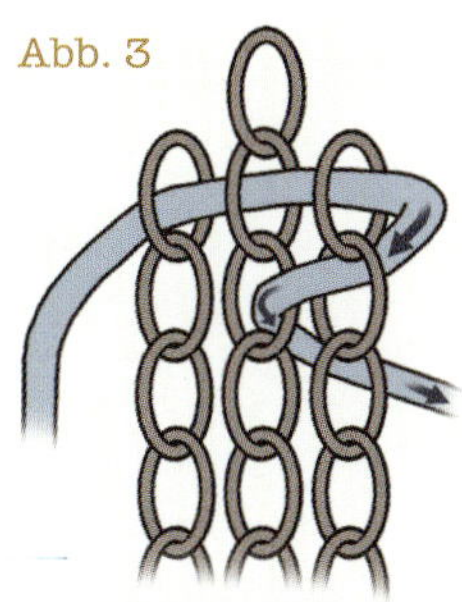

Abb. 4

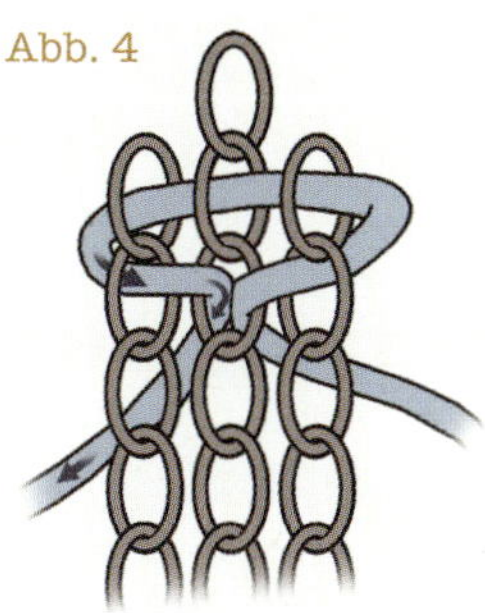

Abb. 5

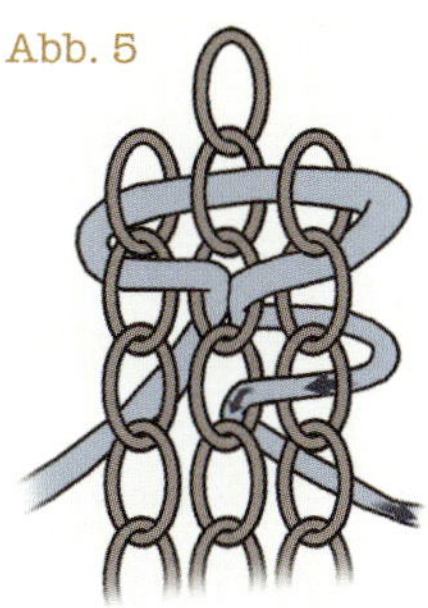

Abb. 6

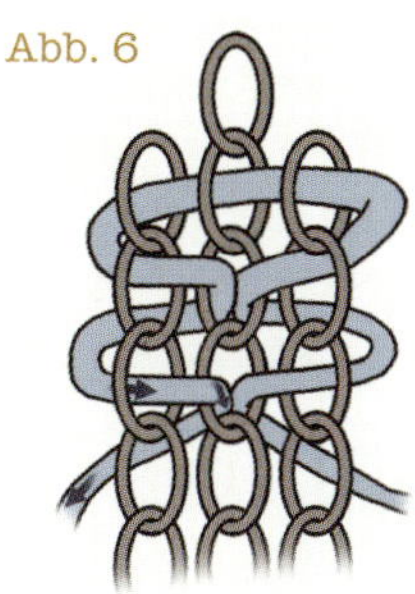

Abb. 7

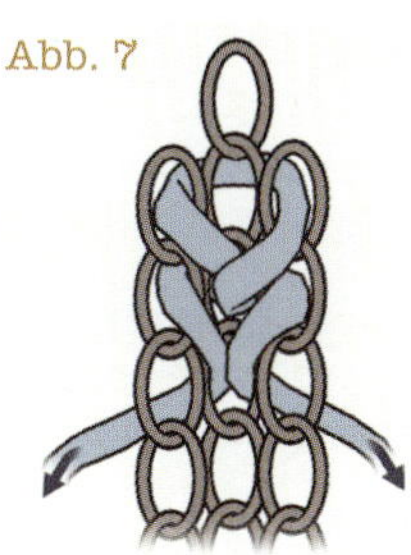

Enden festziehen

Abb. 8

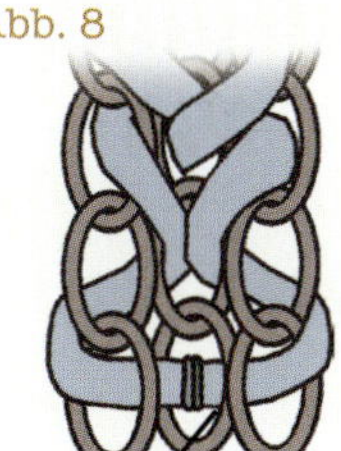

Enden miteinander verschmelzen

Abb. 9

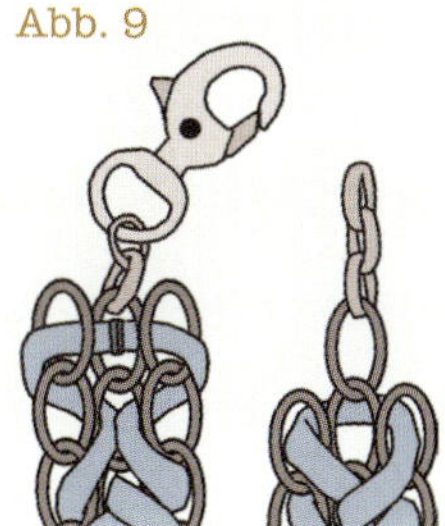

Schritt 1: Die Ketten auf dem Brett so zurechtstecken, dass die Glieder parallel liegen. Die mittlere Kette so anordnen, dass sie um ein Glied höher liegt als die beiden äußeren (Abb. 1). Nun den Paracord in die erste Reihe der nebeneinanderliegenden Kettenglieder einfädeln (Abb. 2).

Schritt 2: Den rechten Strang der Schnur durch das 2. Glied der rechten Kette und das entsprechende Glied der mittleren Kette fädeln. Dann den Strang wieder nach rechts führen (Abb. 3).

Schritt 3: Auf dieselbe Weise den linken Strang der Schnur durch das 2. Glied der linken Kette und das entsprechende Glied der mittleren Kette fädeln. Dann den Strang wieder nach links führen (Abb. 4).

Schritt 4: Folgen Sie Abb. 5–7 und weben Sie weiter, bis Sie die letzte Reihe Kettenglieder erreicht haben.

Schritt 5: Um die Schnur zu befestigen, die Enden in der Mitte verknoten oder zurechtschneiden und miteinander verschmelzen, wie in Abb. 8 gezeigt.

Schritt 6: Befestigen Sie eine Schmuckschließe am mittleren Kettenglied der einen Seite und fügen Sie einzelne Kettenglieder am mittleren Kettenglied der anderen Seite hinzu, um das Armband fertigzustellen (Abb. 9).

Verstellbares Armband

Das ultimative Anpassungstalent

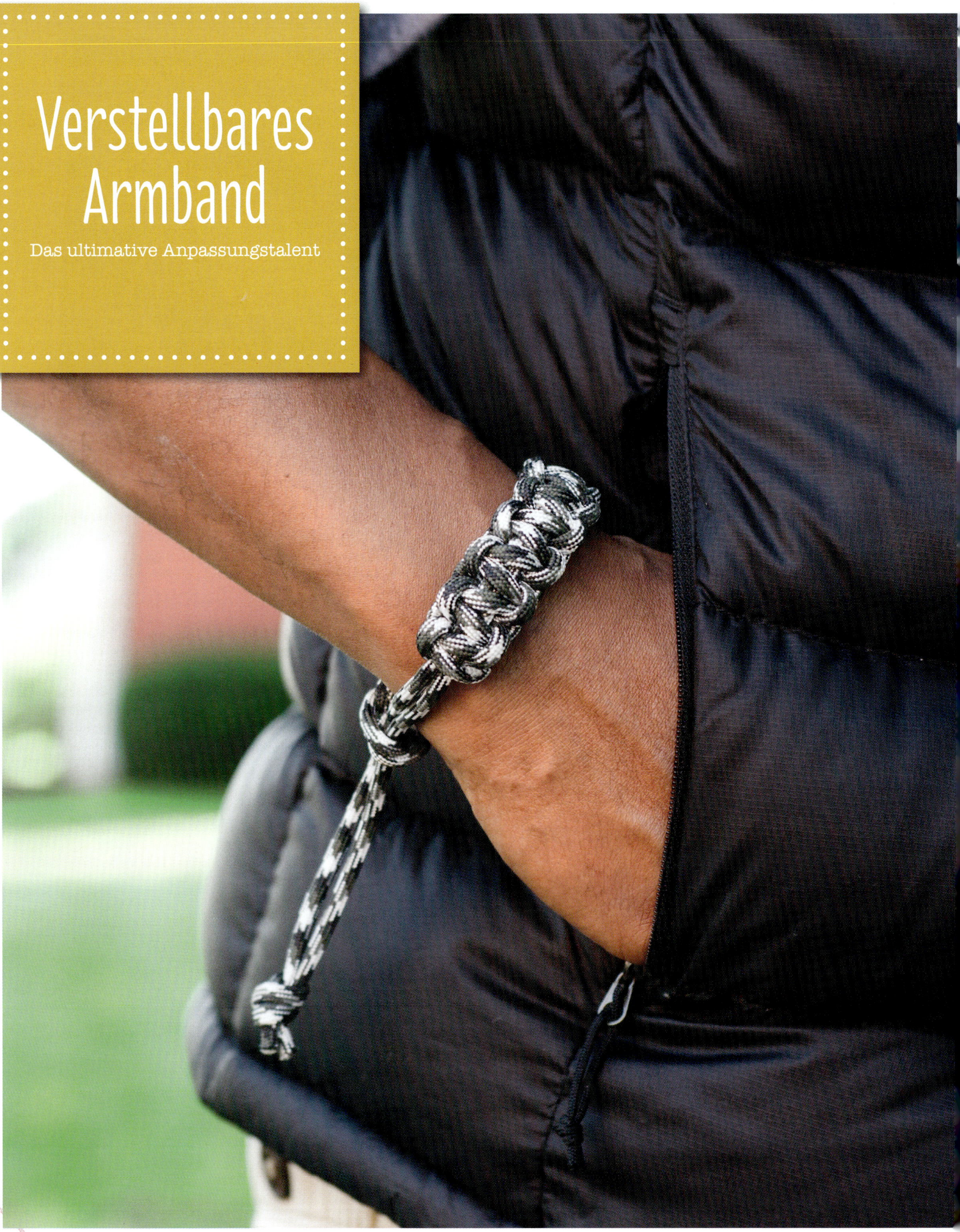

Abb. 1

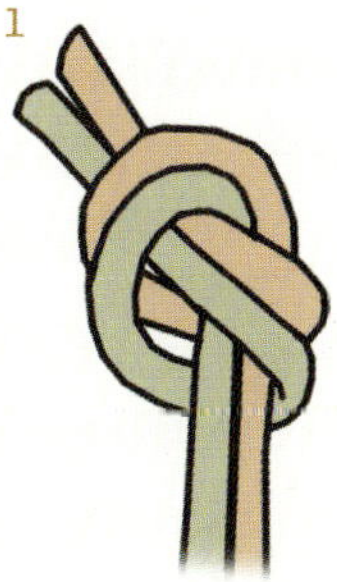

Abb. 2

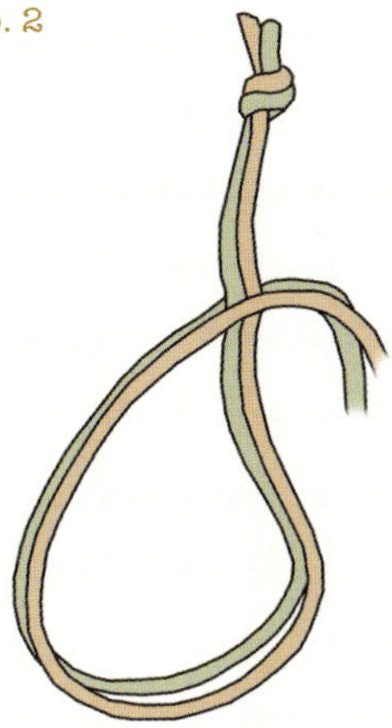

Abb. 3

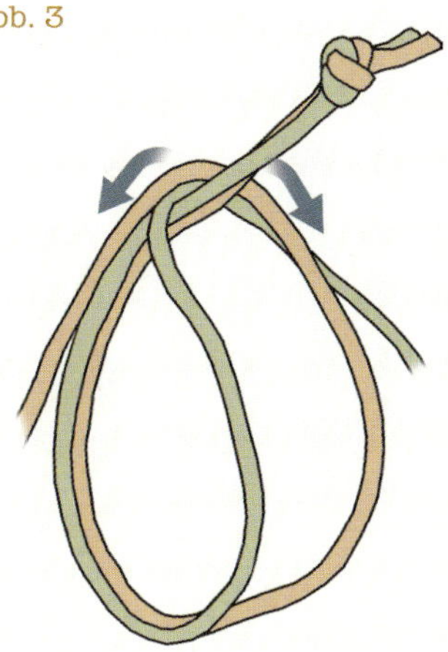

Abb. 4

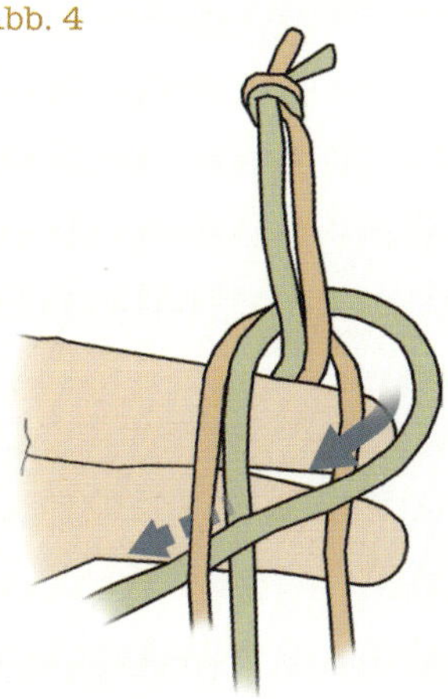

Abb. 5

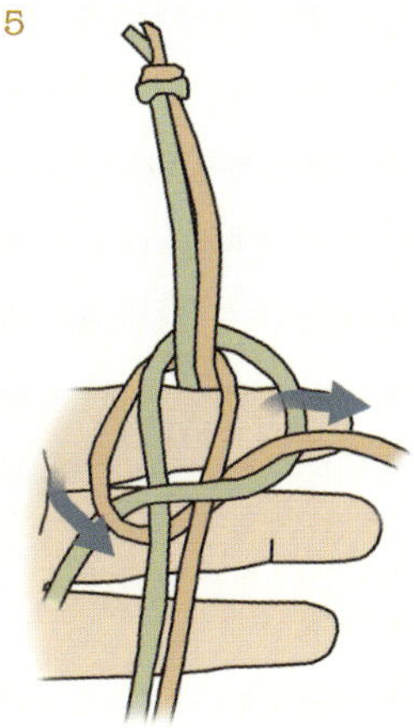

Abb. 6

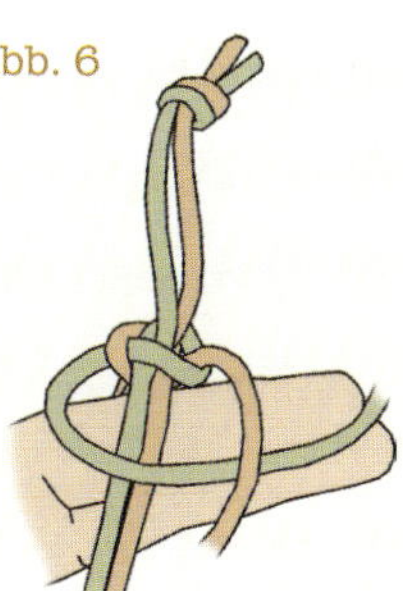

Abb. 7

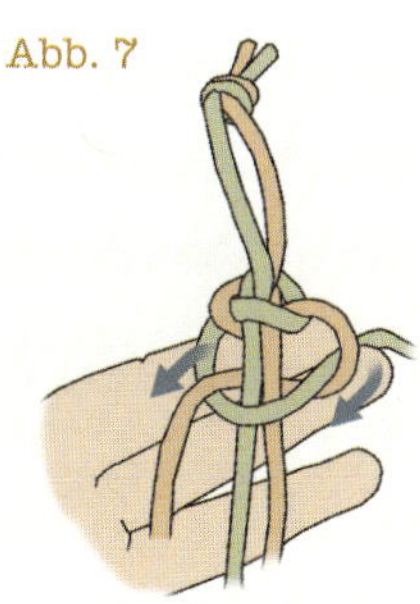

Abb. 8

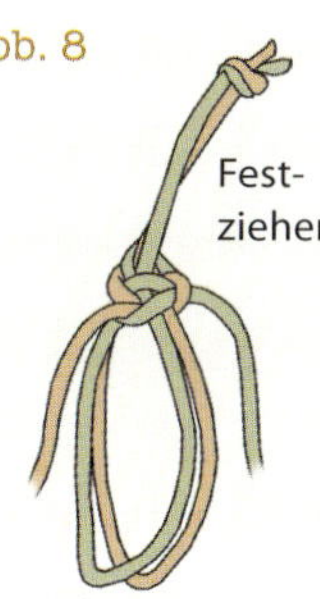

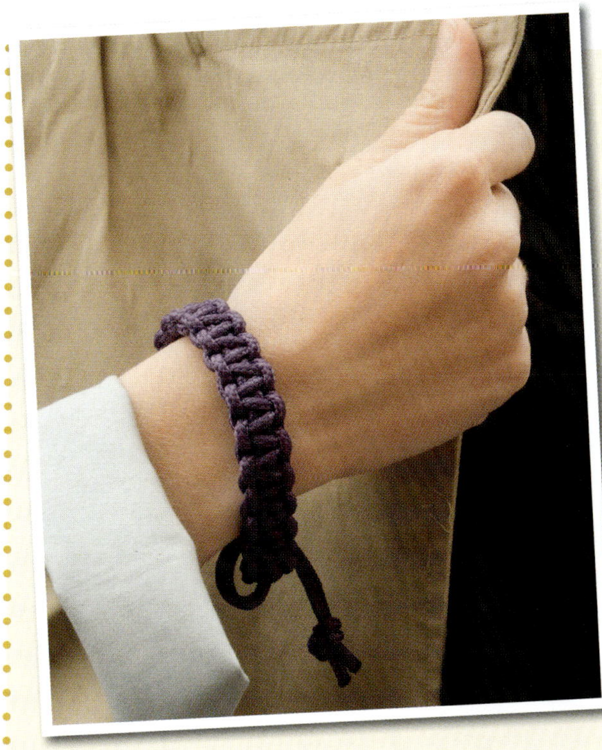

Material

- Zwei Stränge Paracord 550 oder 325 zu je 1 m

Schritt 1: Die Enden des Paracords mit einem doppelten Überhandknoten verknoten (Abb. 1)

Schritt 2: Die beiden Stränge parallel halten und eine Schlinge machen, sodass eine Form entsteht, die einem „d" ähnelt. Die Schlinge sollte groß genug sein, dass Ihre Faust hindurch passt. Lassen Sie mindestens 5 cm überschüssige Schnur hängen, damit man das Armband auch verstellen kann (Abb. 2)

Schritt 3: Die Enden um die überschüssige Schnur legen und dabei kreuzen (Abb. 3).

Schritt 4: Knüpfen Sie um die überschüssige Schnur einen Kreuzknoten wie in den Abbildungen 4–8 gezeigt. Vergewissern Sie sich, dass der erste Knoten gut und fest sitzt.

Schritt 5: Den Kreuzknoten wiederholen und rund um das Armband herum knüpfen, bis es fertiggestellt ist. Die überschüssige Schnur zurechtschneiden und die Enden zum Fertigstellen miteinander verschmelzen.

Durchgedrehtes Schlingenarmband

Ein bunter Blickfang

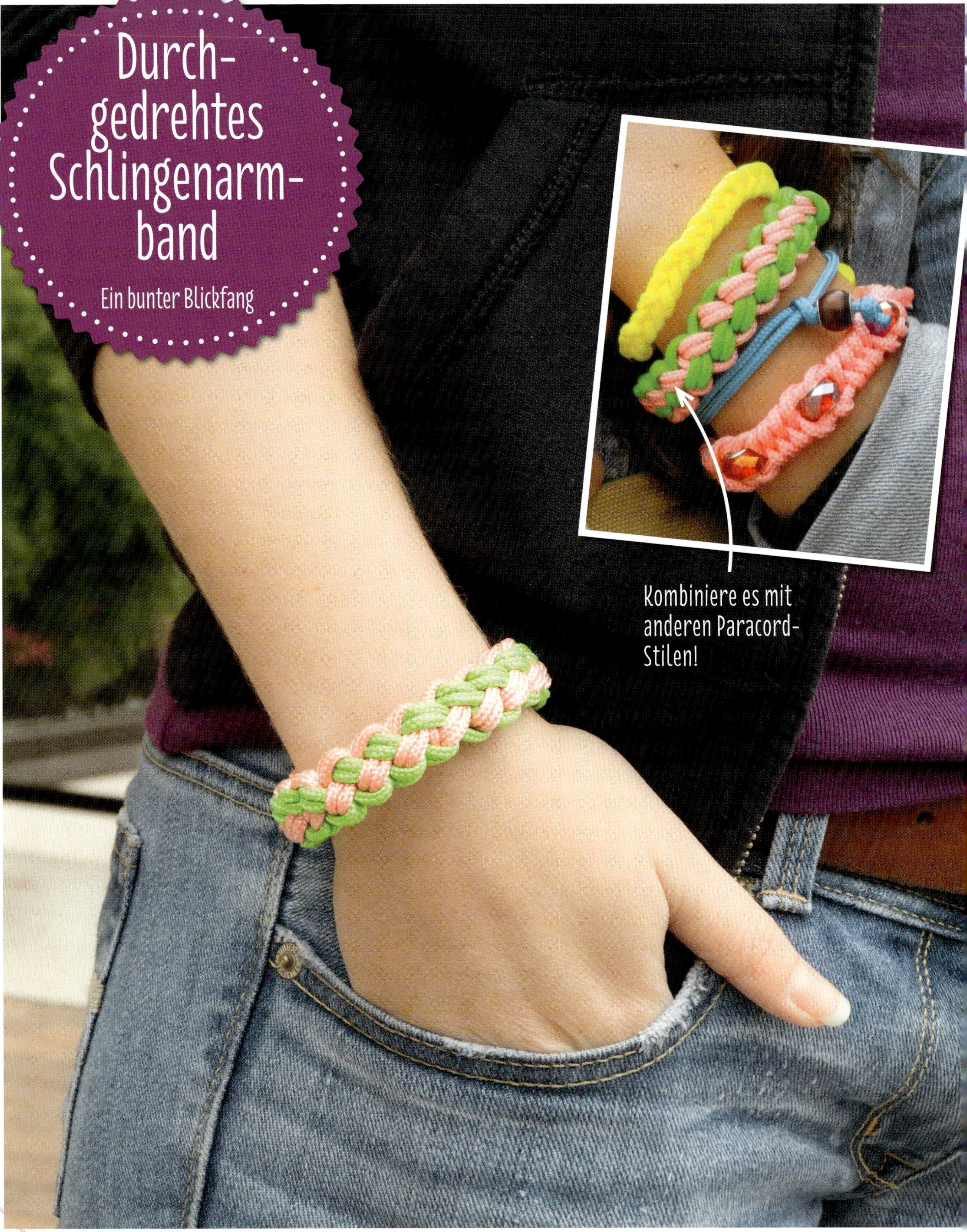

Kombiniere es mit anderen Paracord-Stilen!

Abb. 1

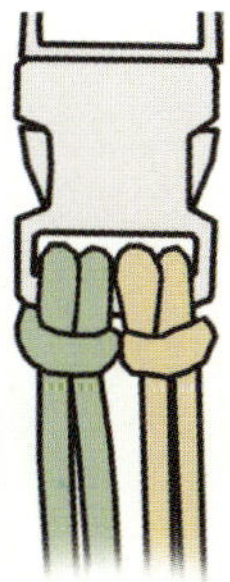

Abb. 2

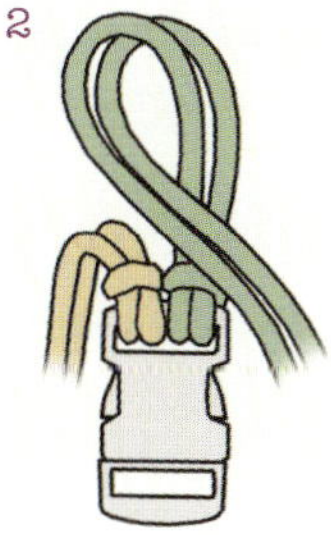

Abb. 3

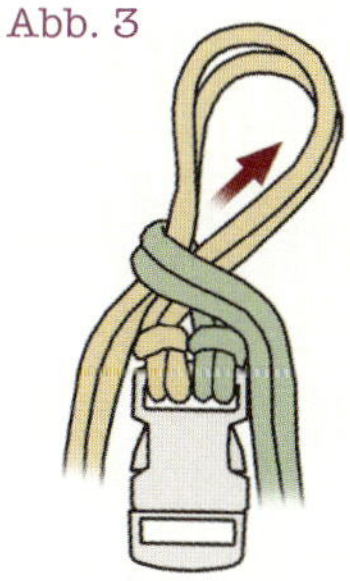

Abb. 4

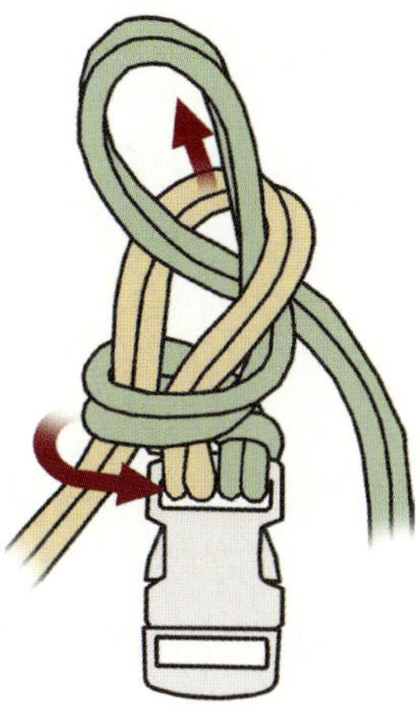

Abb. 5

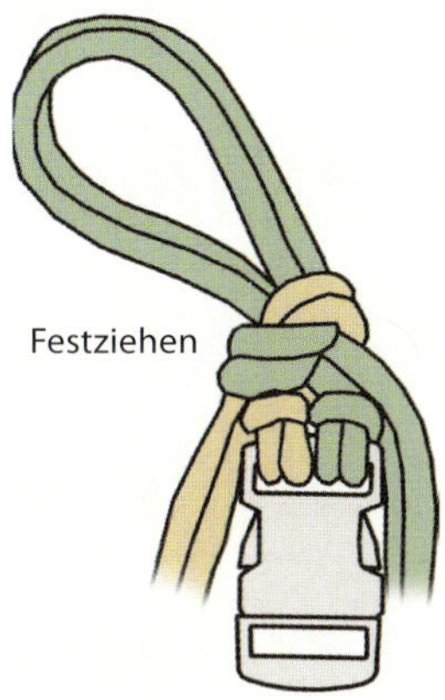

Abb. 6

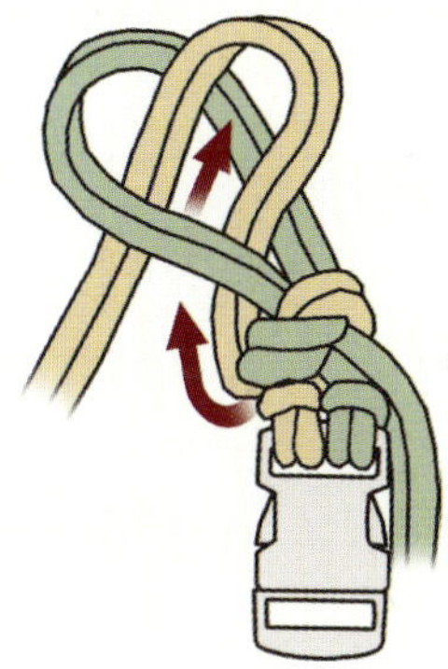

Abb. 7

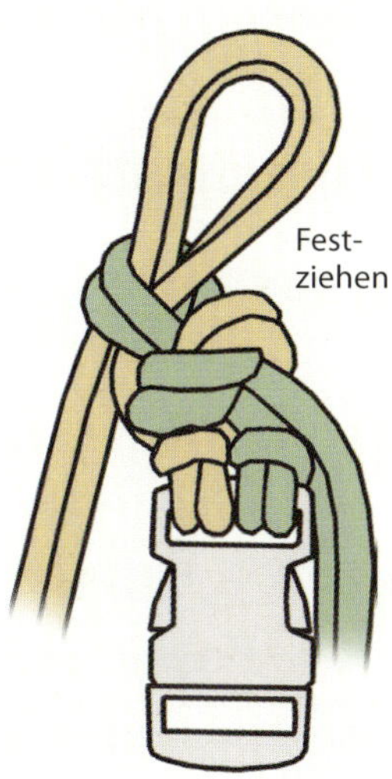

Abb. 8

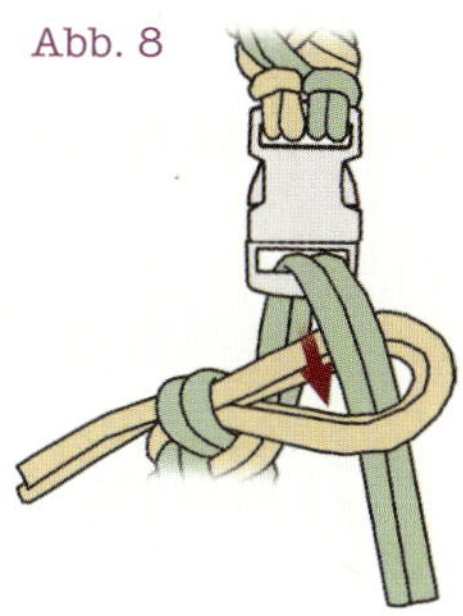

Abb. 9

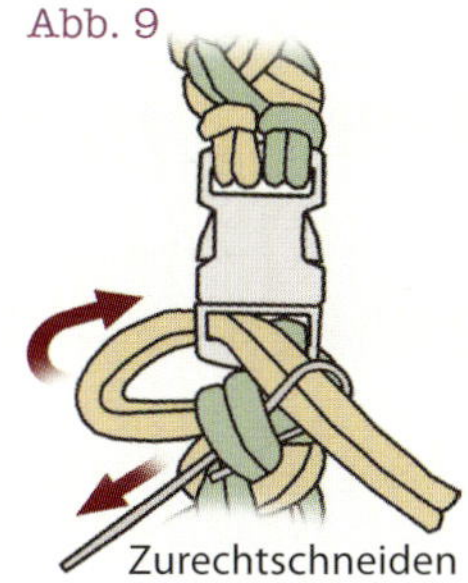

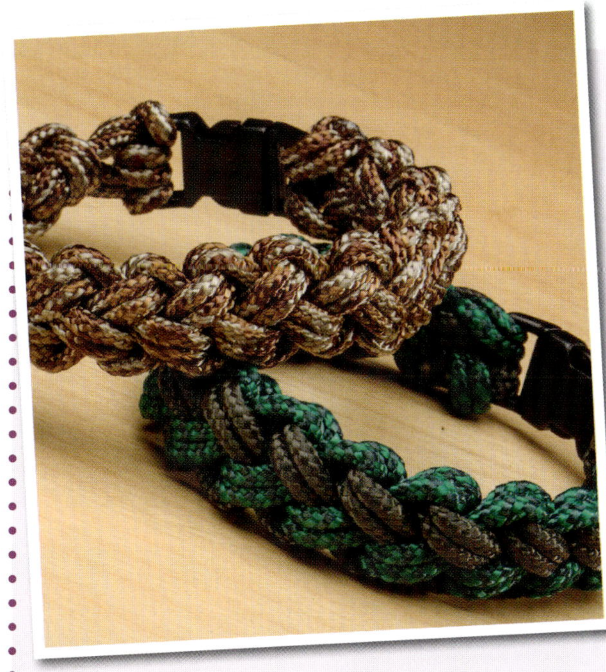

Material

- Zwei Stränge Paracord 325 zu je 2 m
- Eine 12 mm breite Plastikschnalle
- Eine Büroklammer (zum Weben)

Schritt 1: Die beiden Schnüre mittig nehmen und an einem Ende der Plastikschnalle mit dem Ankerknoten befestigen.

Schritt 2: Folgen Sie den Abb. 2–7, um eine Doppelschlinge zu weben.

Schritt 3: Mit dem Weben von Doppelschlingen fortfahren, bis die gewünschte Länge des Armbandes erreicht ist.

Schritt 4: Um das Armband zu schließen, die losen Enden der Schnüre durch das andere Ende der Plastikschnalle und durch die letzte Schlinge ziehen (Abb. 8). Die Schlinge festziehen und die Enden der Schnur der letzten Schlinge durch die Plastikschnalle ziehen. Dann die Enden mit Hilfe einer Büroklammer im Armband verweben (Abb. 9).

Schritt 5: Die überschüssige Schnur zurechtschneiden und die Enden zum Fertigstellen miteinander verschmelzen.

Haarreifen mit Rosetten

Einfach und süß

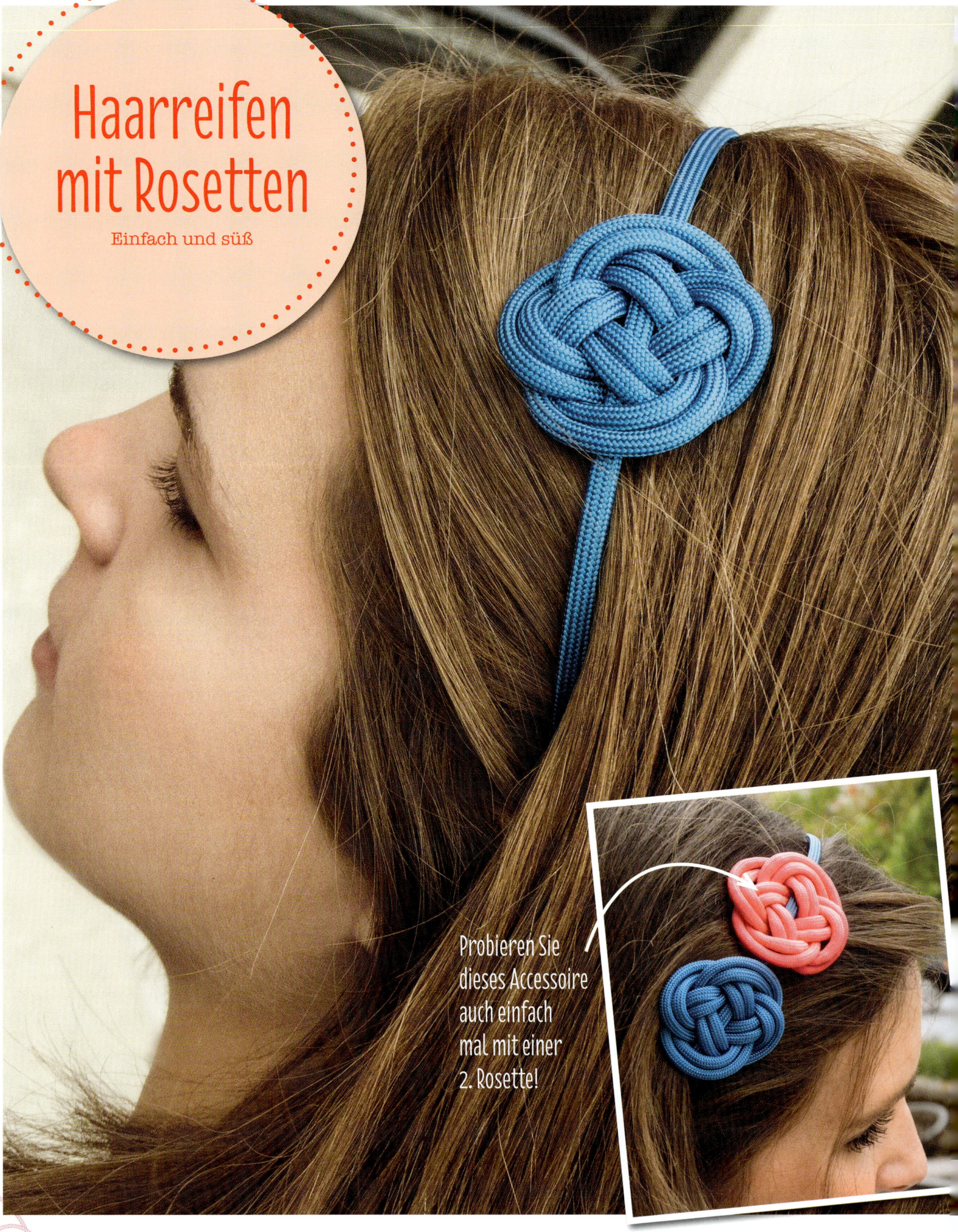

Probieren Sie dieses Accessoire auch einfach mal mit einer 2. Rosette!

Abb. 1

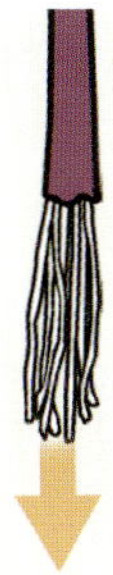

Abb. 2

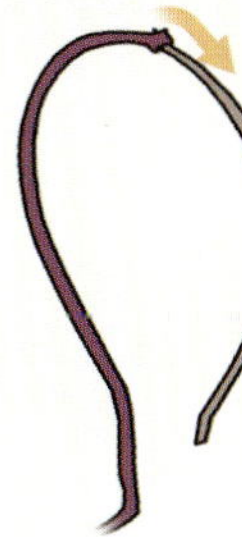

Abb. 3

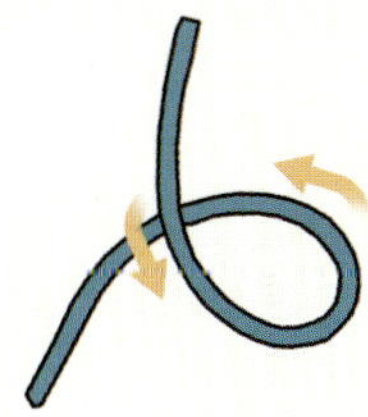

Abb. 4

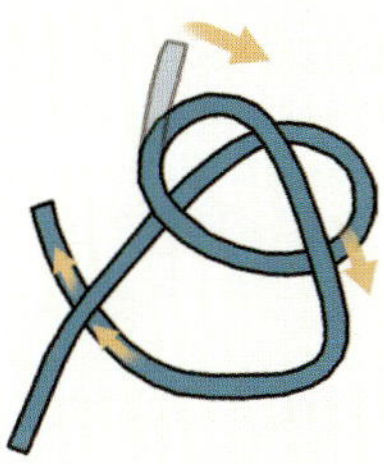

Abb. 5

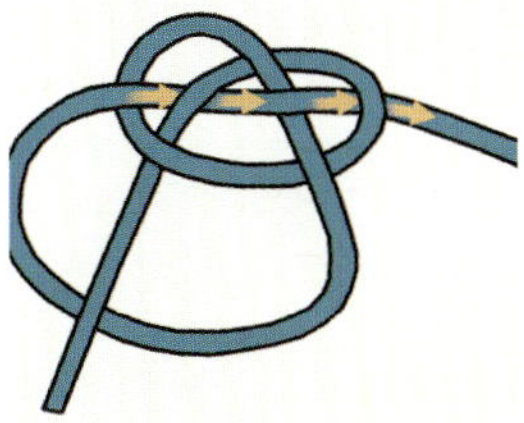

Abb. 6

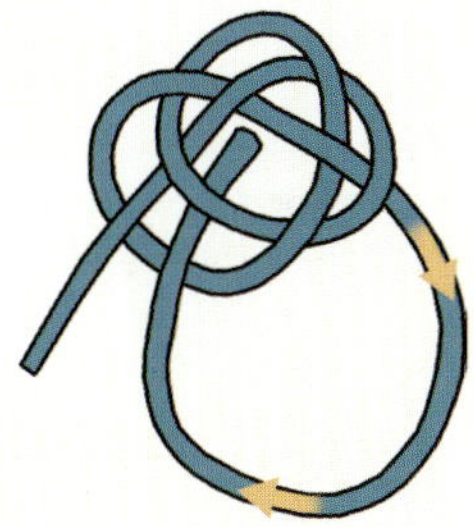

Abb. 7

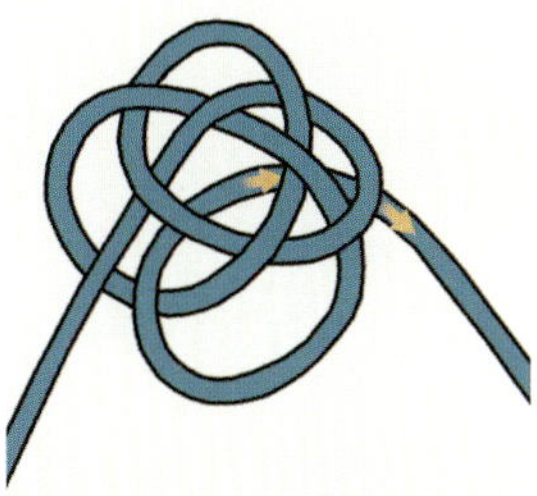

Abb. 8

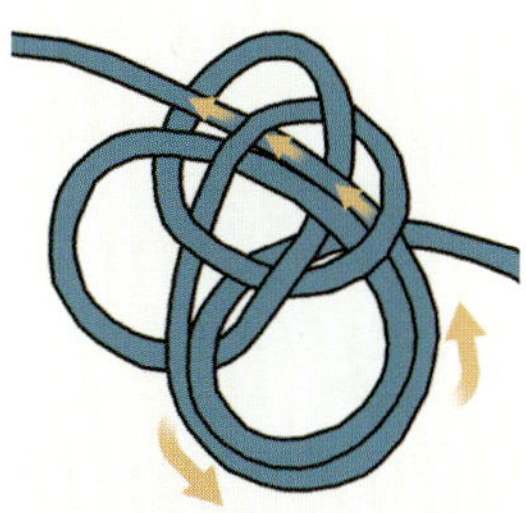

Abb. 9

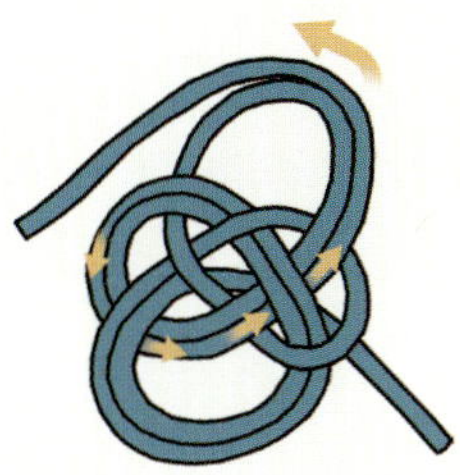

Abb. 10

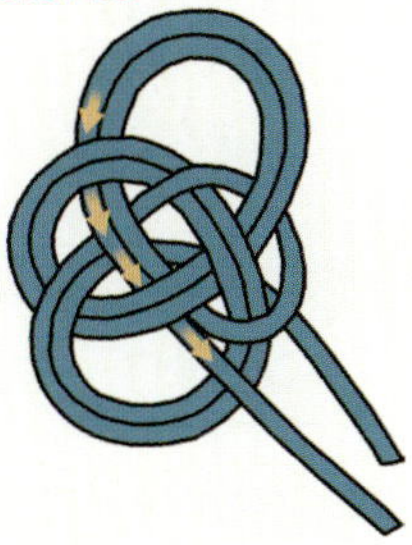

Abb. 11

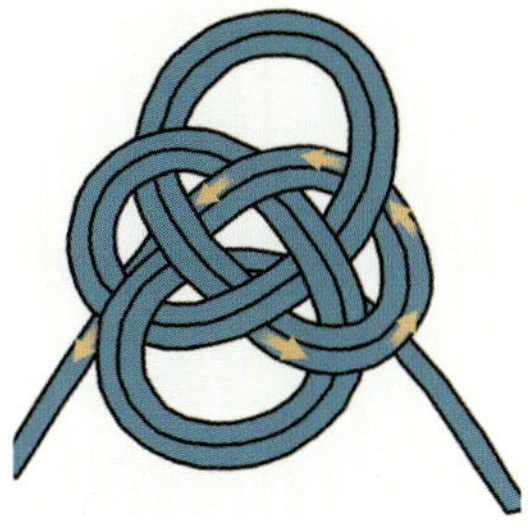

Abb. 12

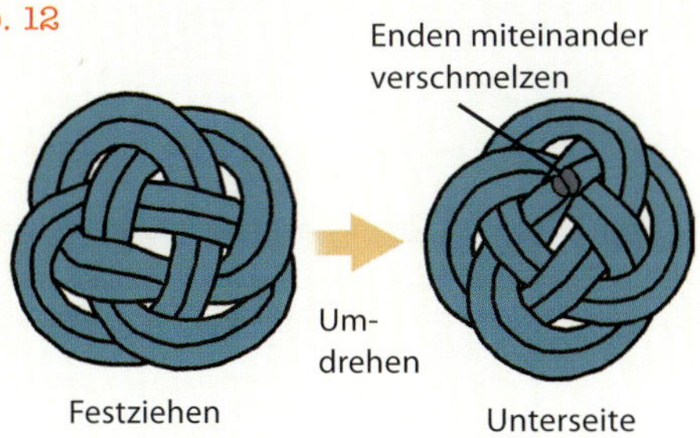

Abb. 13

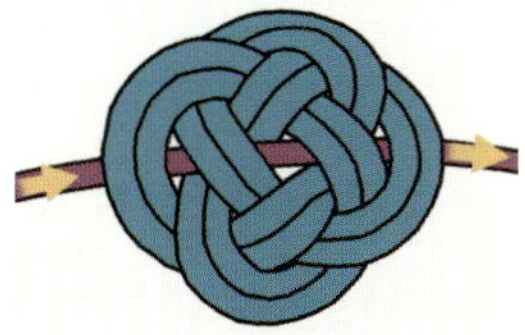

Abb. 14

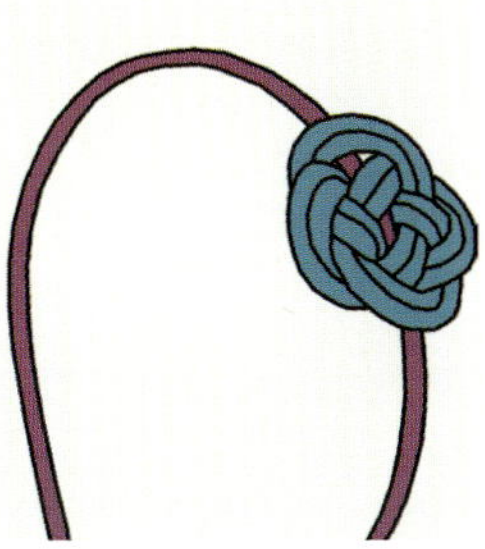

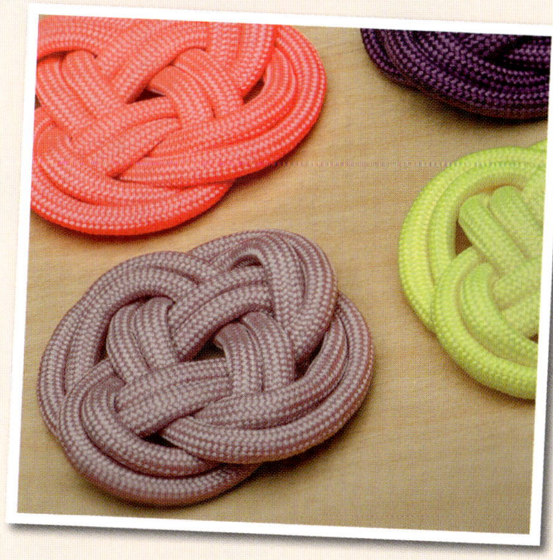

Material

- Ein Strang Paracord 550 zu 45 cm
- Ein Strang Paracord 550 zu 1 m
- Ein 5 mm dünner Haarreifen aus Metall (ohne Zacken)

Schritt 1: Die weiße Nylon-Seele aus der Mitte des 45 cm langen Fallschirmgarns entfernen (Abb. 1).

Schritt 2: Die Schnur über den Haarreifen ziehen (Abb. 2). Überschüssiges Material zurechtschneiden und die Enden verschmelzen.

Schritt 3: Die Rosette mit der Schnur von 1 m formen und dabei dem Knotenmuster der Abb. 3–7 folgen. Dann mit dem anderen Ende der Schnur eine zweite Runde durch den Knoten führen und dabei Abb. 8–11 folgen. Dabei die Schnüre parallel führen und nicht überkreuzen.

Schritt 4: Den Rosettenknoten so fest wie möglich ziehen. Dies kann einiges an Geduld erfordern und oft muss man eine Schlinge nach der anderen festziehen. Die Arbeit nach Fertigstellung des Knotens wenden und die Enden zurechtschneiden und miteinander verschmelzen (Abb. 12).

Schritt 5: Die ganze Rosette an die gewünschte Position auf den Haarreifen schieben (Abb. 13).

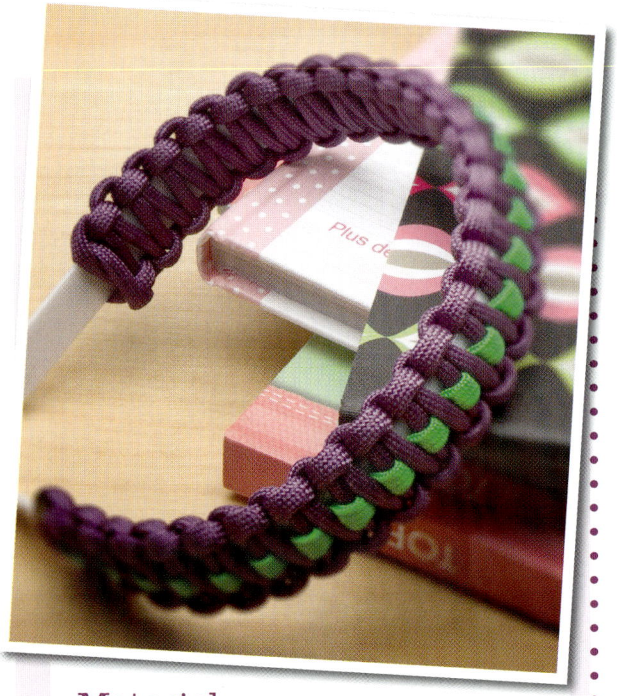

Einfach „gewobener“ Haarreifen

Und jede Strähne sitzt ...

Abb. 1

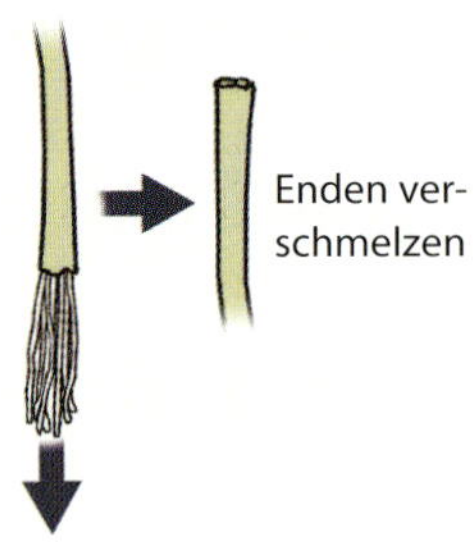

Abb. 2

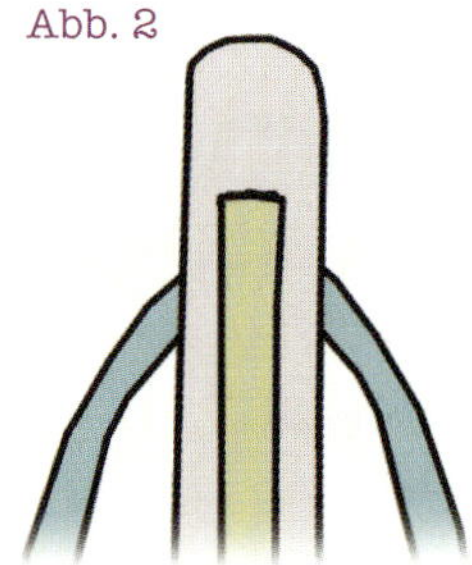

Abb. 3

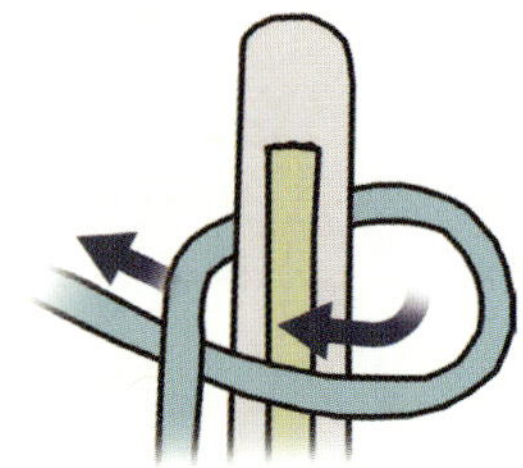

Abb. 4

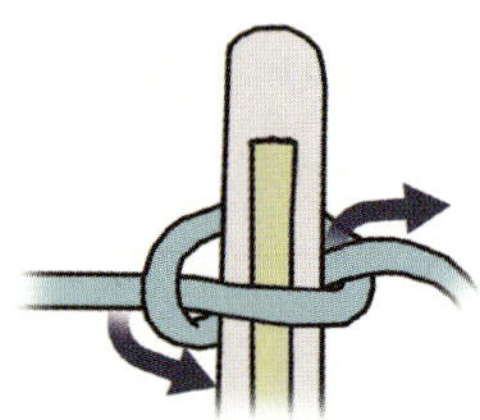

Abb. 5

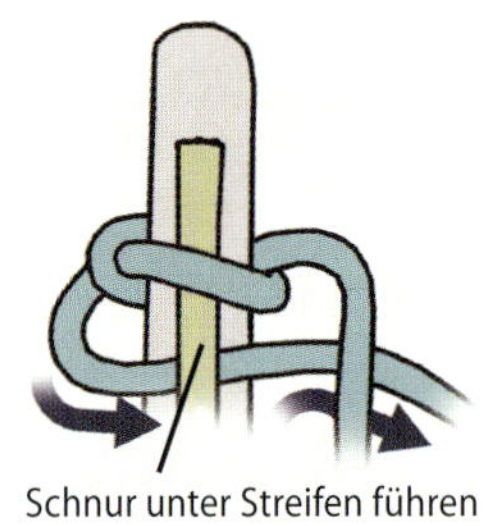

Abb. 6

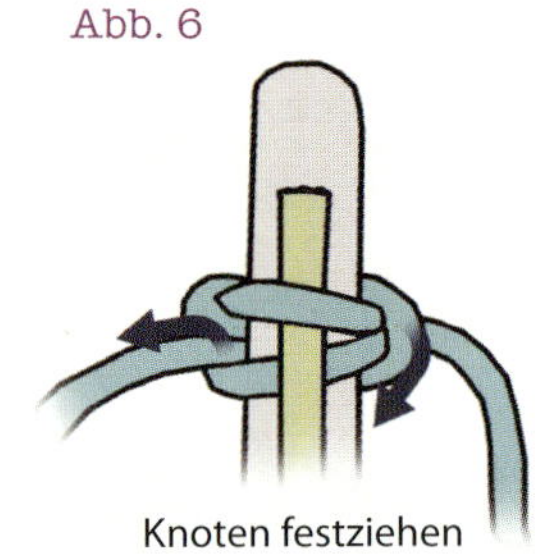

Abb. 7

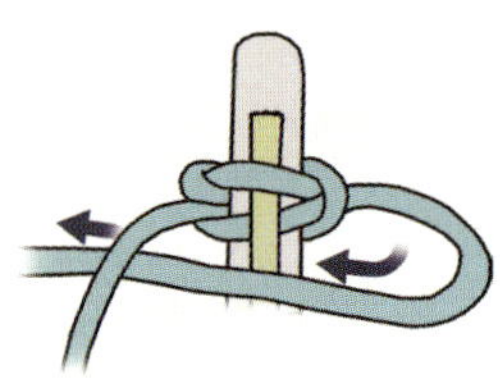

Abb. 8

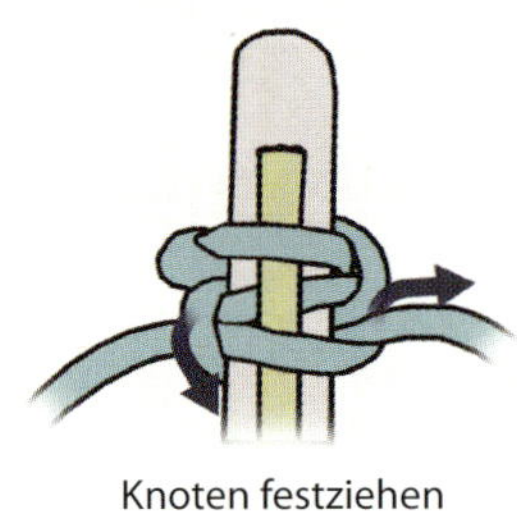

Abb. 9

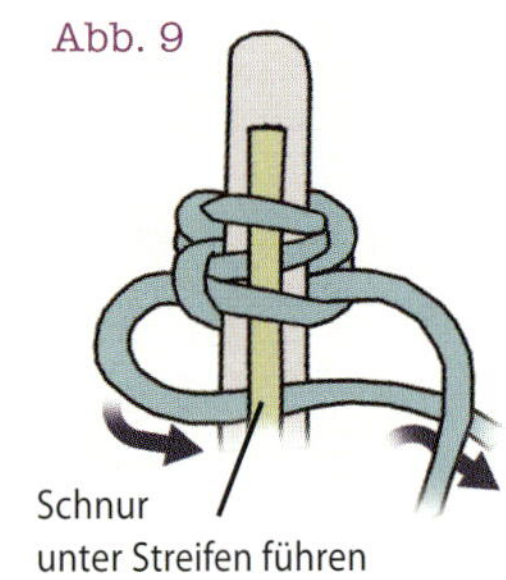

Abb. 10

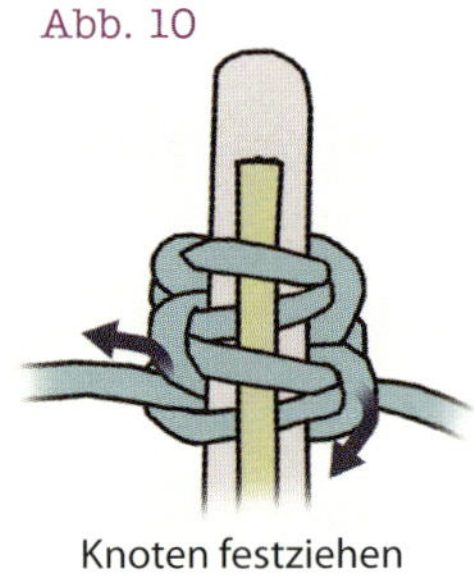

Abb. 11

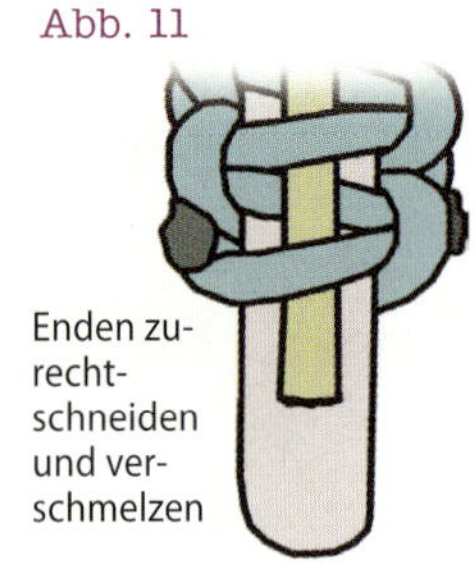

Material

- Ein Strang Paracord 550 zu 35 cm
- Ein Strang Paracord 550 zu 5 m
- Ein 2,5 mm breiter Haarreifen aus Plastik (2,5 cm)
- Durchsichtiges Klebeband (wahlweise)

Schritt 1: Die weiße Nylon-Seele aus der Mitte des 35 cm langen Paracords entfernen und die Enden verschmelzen, um ein Auftrennen zu verhindern (Abb. 1).

Schritt 2: Die kurze Schnur der Länge nach flach auf den Haarreifen legen und mittig positionieren. Mit dem Klebeband befestigen, bis der 1. Knoten geknüpft ist. An einem Ende des Haarreifens die 5 m lange in der Mitte halbierte Fallschirmschnur befestigen (Abb. 2).

Schritt 3: Abb. 3–4 folgen, um die erste Hälfte eines Kreuzknotens zu knüpfen. Das zum Sichern der kurzen Schnur verwendete Klebeband entfernen, falls gewünscht.

Schritt 4: Die zweite Hälfte des Kreuzknotens knüpfen, dabei aber UNTER dem Mittelstreifen durchziehen (Abb. 5–6).

Schritt 5: Folgen Sie den Abb. 7–10 und knüpfen Sie abwechselnd Kreuzknoten ÜBER und UNTER dem Mittelstreifen.

Schritt 6: Wenn Sie das andere Ende des Haarreifens erreicht haben, schneiden und schmelzen Sie die Enden aller überschüssigen Schnüre zurecht (Abb. 11).

Perlenbesetzte Halskette in eleganter Länge

Ein raffinierter Klassiker

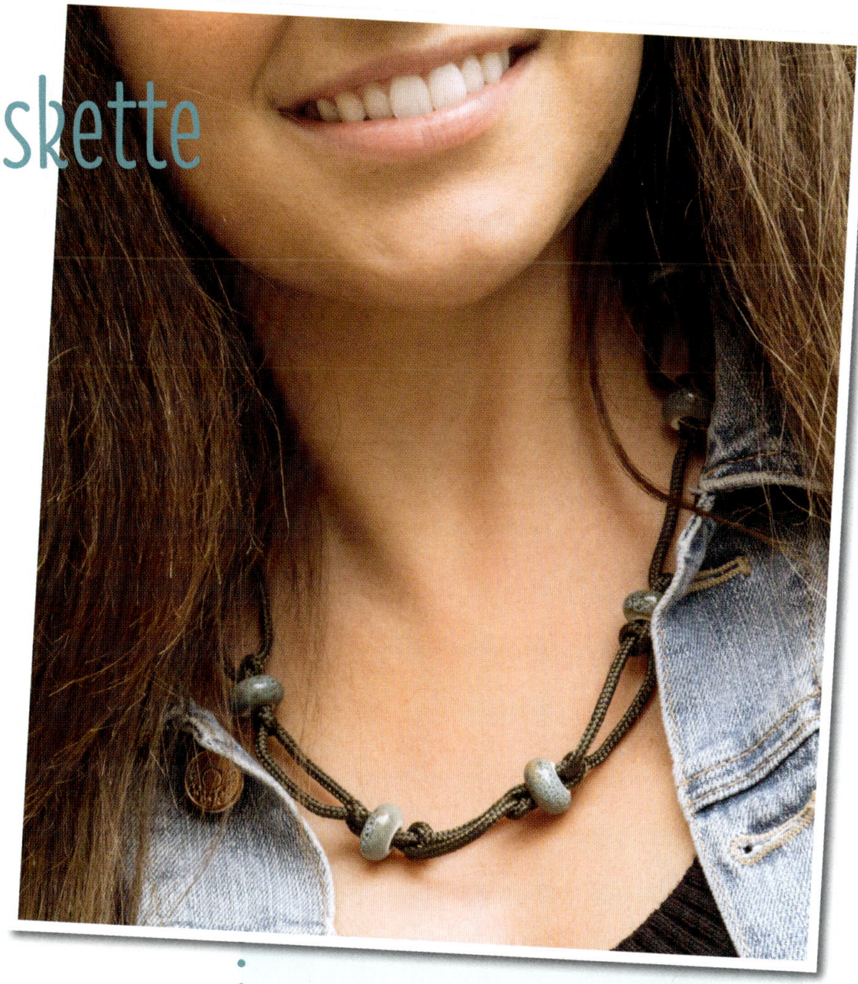

Material

- Ein Strang Paracord 325 zu 3 m
- 66–10 Perlen mit großen Löchern

Abb. 1

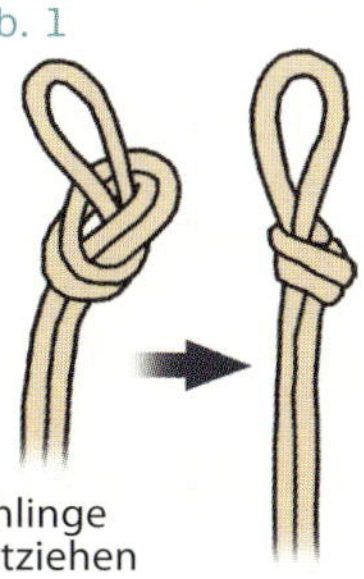

Abb. 2

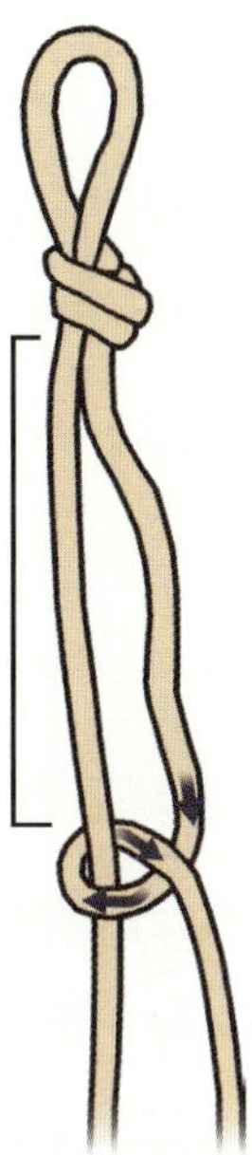

Abb. 3

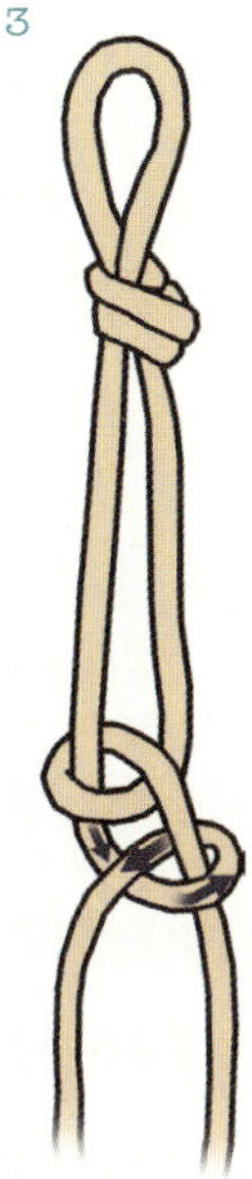

Schritt 1: Die Fallschirmschnur in der Mitte falten und mit einem doppelten Überhandknoten eine Schlinge bilden (Abb. 1).

Schritt 2: Mit einem Abstand von 4–5 cm zum Überhandknoten den rechten Strang um den linken schlingen (Abb. 2) und den linken Strang dann um den rechten führen (Abb. 3). Den Knoten festziehen und über beide Stränge eine Perle bis zum Knoten fädeln (Abb. 4).

Schritt 3: Die Perle befestigen, indem die Knoten aus Abb. 5–7 geknüpft werden.

Schritt 4: Abb. 2–7 wiederholen, um die Kette zu formen. Die Enden der Halskette mit einem weiteren doppelten Überhandknoten versehen (Abb. 8). Den Knoten gerade klein genug knüpfen, sodass er durch die Schlinge am anderen Ende der Kette hindurchpasst.

Abb. 4

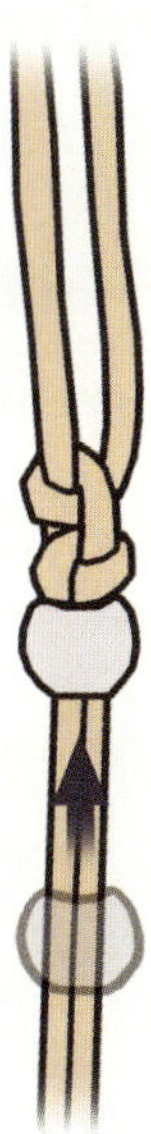

Abb. 5

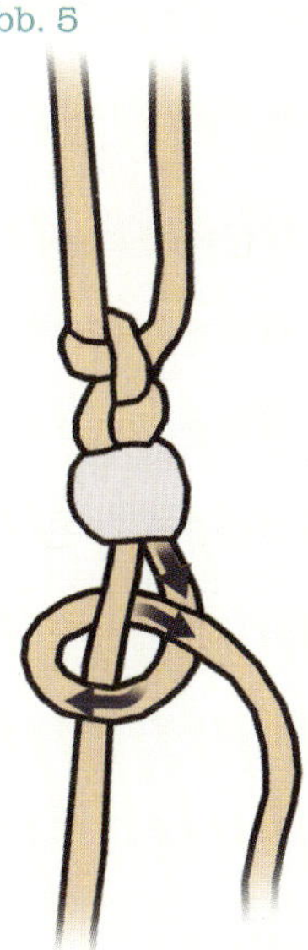

Abb. 6

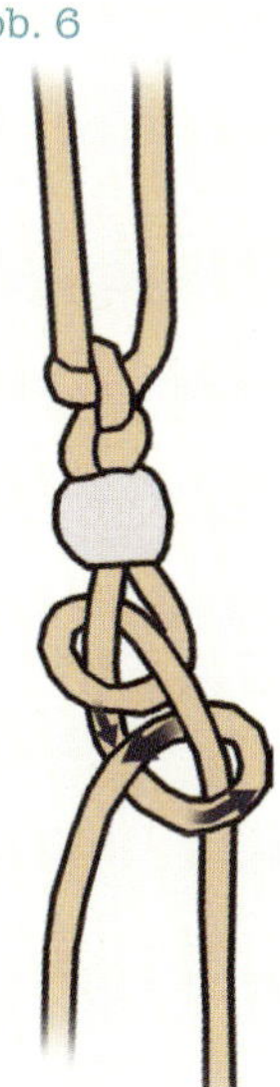

Abb. 7

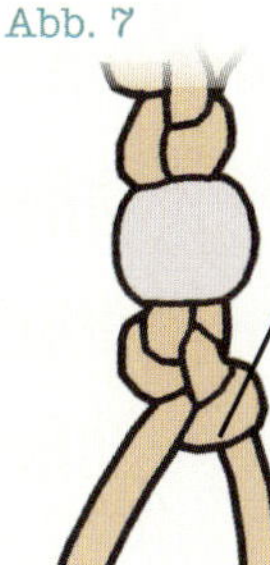

Abb. 8

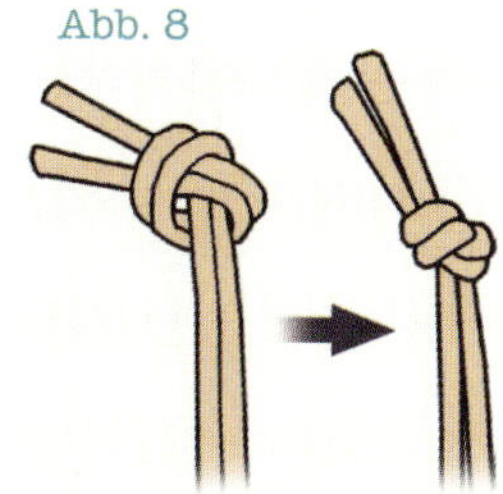

Halskette mit Tropfen-anhänger

Ein atemberaubender Blickfang

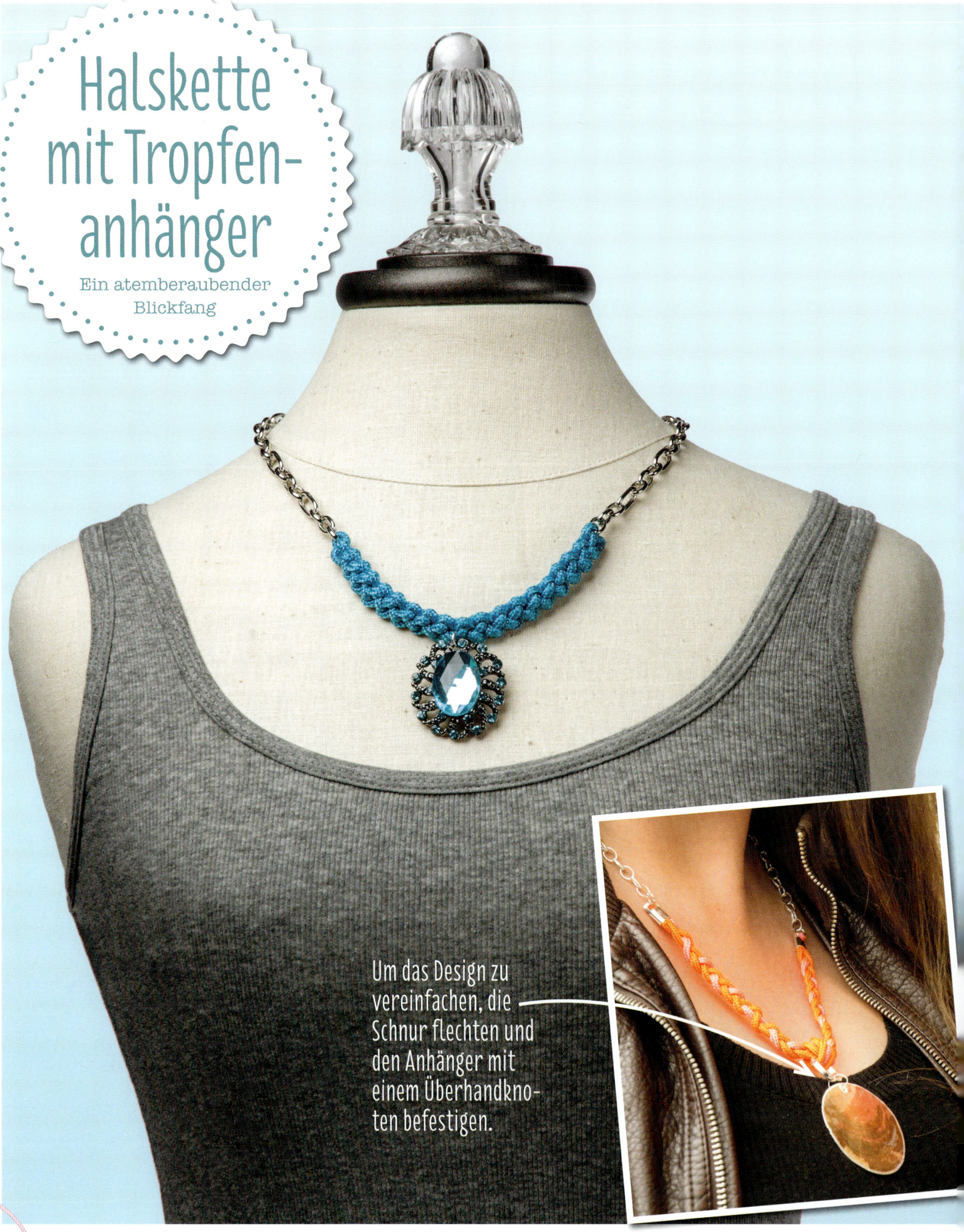

Um das Design zu vereinfachen, die Schnur flechten und den Anhänger mit einem Überhandknoten befestigen.

Abb. 1

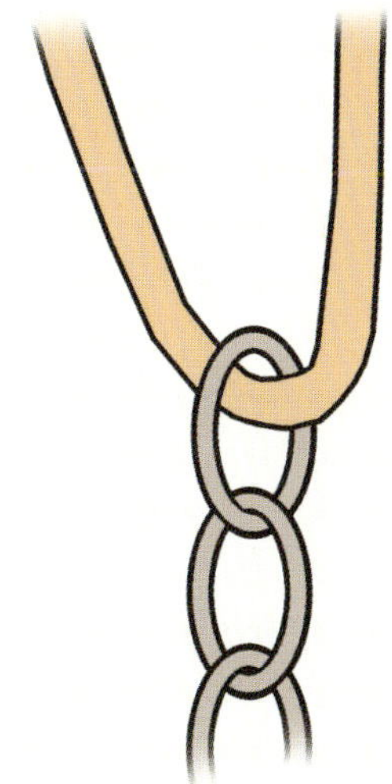

Abb. 2

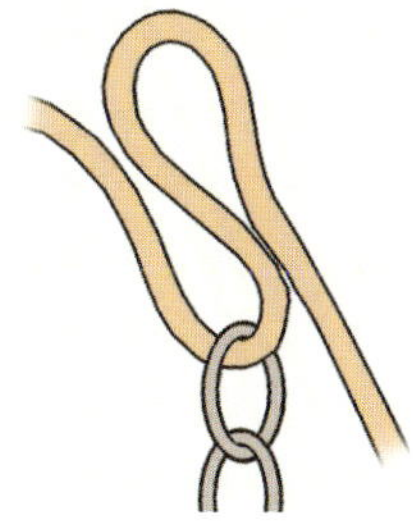

Abb. 3

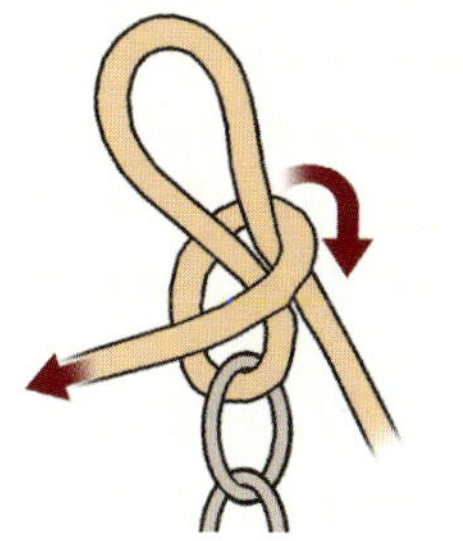

Abb. 4

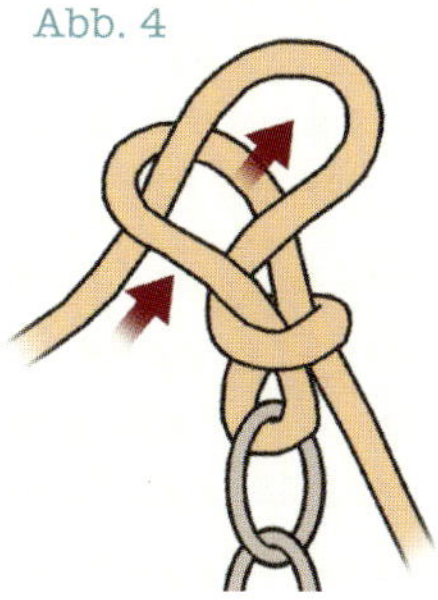

Abb. 5

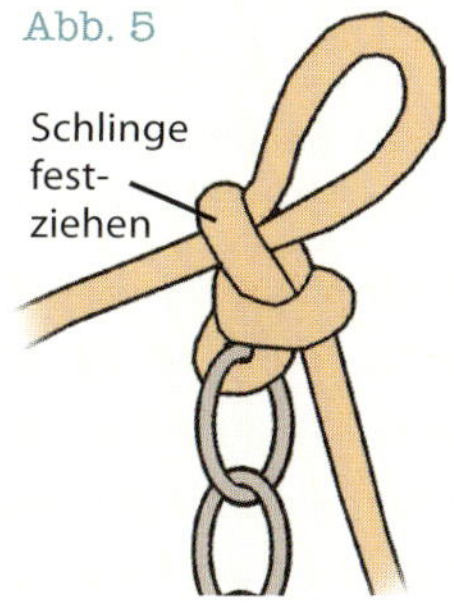

Abb. 6

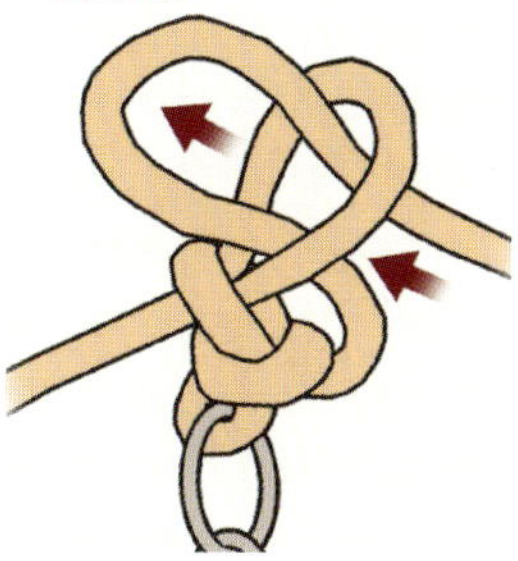

Abb. 7

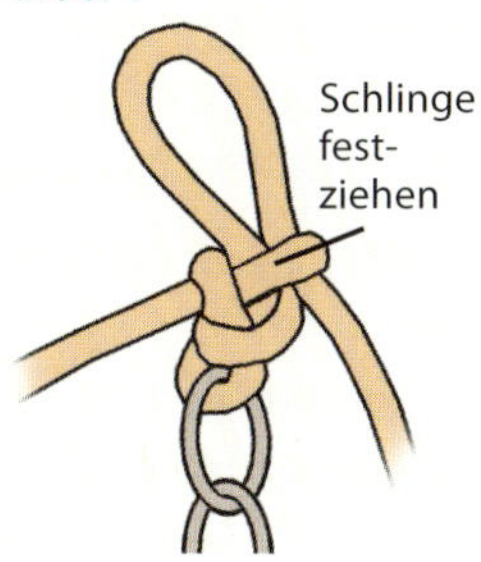

Abb. 8

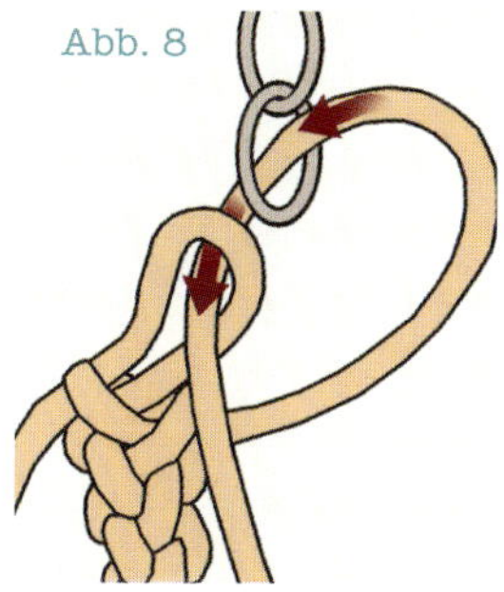

Abb. 9

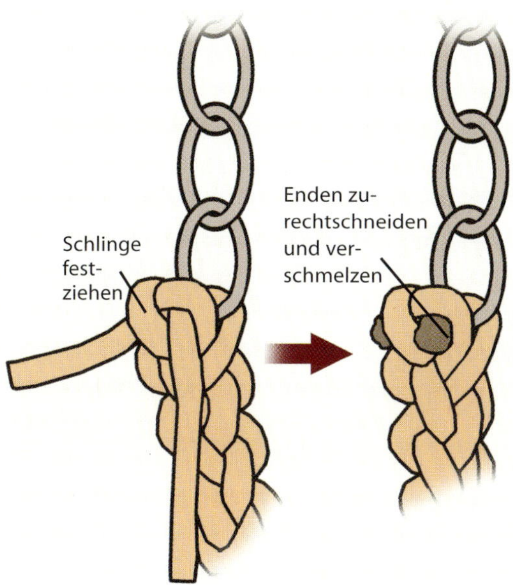

Abb. 10

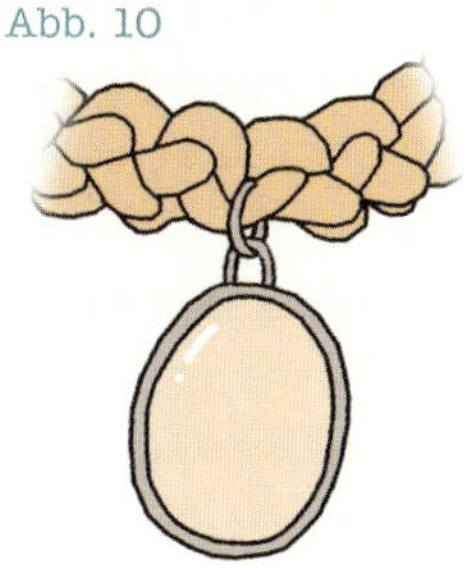

Abb. 11

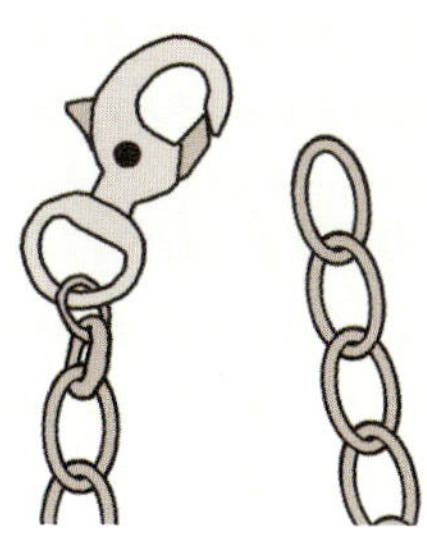

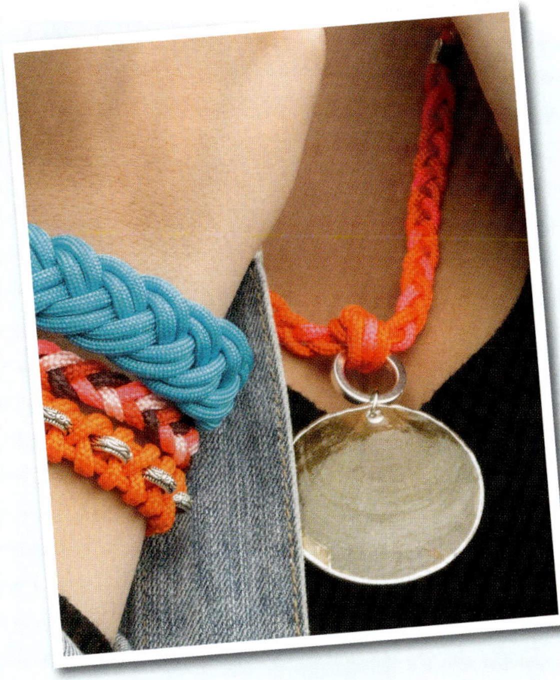

Material

- Ein Strang Paracord 325 zu 2 m
- Zwei Ketten zu je 23–25 cm
- Eine Klappschließe
- Ein Anhänger mit einem Bindering

Schritt 1: Die Schnur mittig in ein Ende der Kette fädeln (Abb. 1).

Schritt 2: Folgen Sie Abb. 2–7, um die gewebte Schlinge zu formen.

Schritt 3: Das Muster der gewebten Schlingen wiederholen (Abb. 2–7), bis nur eine geringe Menge an Schnur übrigbleibt. Um die Kette fertigzustellen, das freie Ende der Schnur durch das Endglied der verbleibenden Kette schlingen und durch die letzte Schlinge in der Schnur führen (Abb. 8).

Schritt 4: Die letzte Schlinge festziehen. Die überschüssige Schnur zurechtschneiden und die Enden verschmelzen, um sie zu befestigen (Abb. 9).

Schritt 5: Den Anhänger in der Mitte der verwobenen Fallschirmschnur mithilfe des Binderinges an der Kette befestigen (Abb. 10). Nun noch die Klappschließe am anderen Ende der Kette anbringen, um die Halskette fertigzustellen.

Doppelt gewobene Halskette

Stilvoll und robust

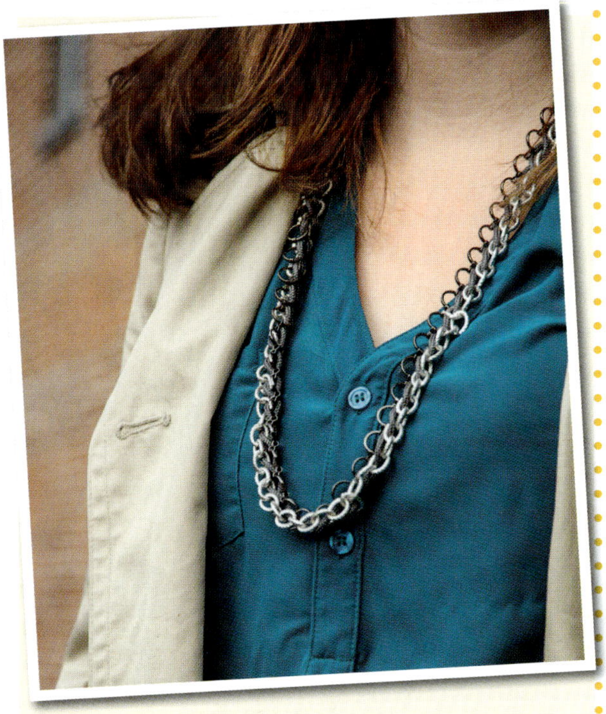

Material

Ergibt eine Halskette von einer Länge von 45 cm

- Ein Strang Paracord 325 zu 3 m
- Zwei Stränge Schmuckkette zu je 1 m (verwenden Sie zwei verschiedene Kettenarten mit großen Gliedern)
- Ein Brett mit Stecknadeln (wahlweise)

Schritt 1: Ein Ende der Fallschirmschnur durch die Endglieder der Ketten fädeln und den Paracord-Strang mittig anordnen (Abb. 1). Falls erwünscht, die Ketten mit Stecknadeln zurechtstecken; dies kann beim Arbeiten hilfreich sein.

Schritt 2: Damit beginnen, im Zickzackmuster zu weben, indem der rechte Paracord-Strang durch das 2. Glied der linken Kette geführt wird (Abb. 2) Den linken Strang durch das 2. Glied der rechten Kette fädeln (Abb. 3). Die beiden Stränge sollten einander überschneiden und ein X bilden. Die Fäden festziehen.

Schritt 3: Die beiden Paracord-Stränge über die gesamte Länge der Ketten im Zickzackmuster mit den Kettengliedern verweben (Abb. 4–5). Wenn Sie verschiedene Kettenarten verwenden, ergeben die Kettenglieder keine perfekte gerade Linie. In diesem Fall einfach das Glied, das nicht passt, auslassen. Wenn die Kette fertig ist, wird man das gar nicht bemerken.

Schritt 4: Wenn Sie das Ende beider Ketten erreicht haben, können Sie die Enden der Fallschirmschnur miteinander verknoten. Das sauberste Ergebnis erzielen Sie, wenn Sie die überschüssige Schnur zurechtschneiden und die Enden miteinander verschmelzen (Abb. 6).

Schritt 5: Die Kette fertigstellen, indem Sie die Endglieder der Ketten mit Hilfe eines zusätzlichen Kettengliedes oder eines Binderinges miteinander verbinden (Abb. 7). Die fertige Kette sollte lang genug sein, dass Sie sie sich über den Kopf ziehen können.

Abb. 1

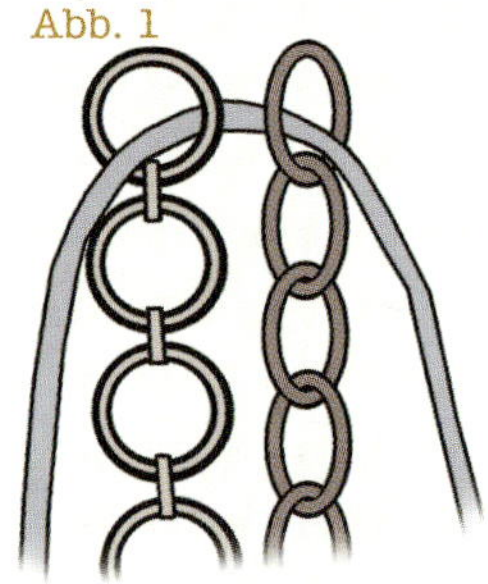

Abb. 2

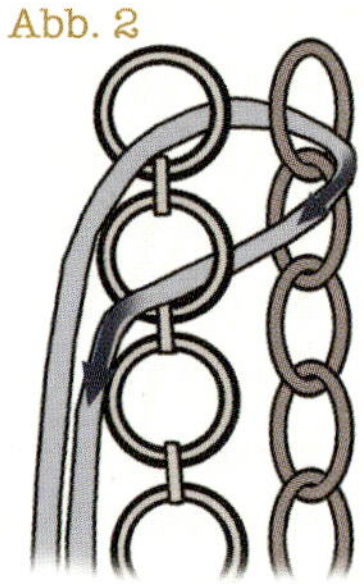

Abb. 3

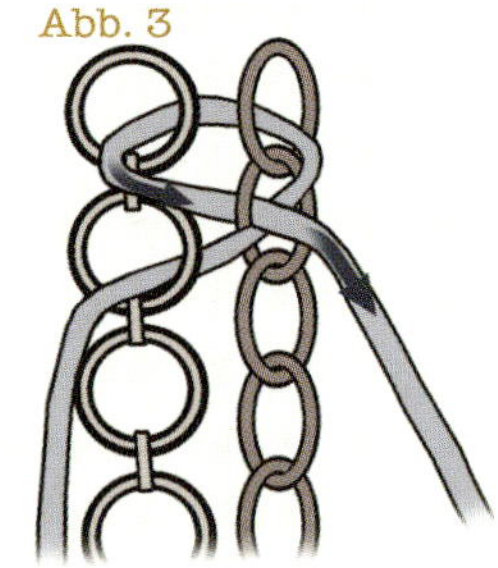

Abb. 4

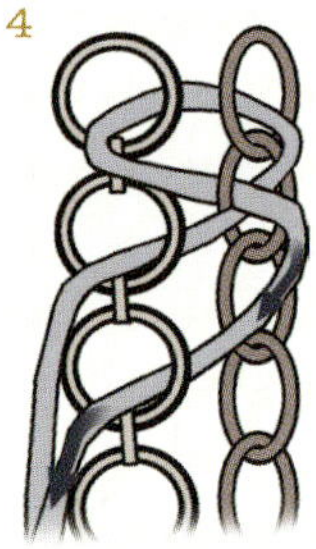

Abb. 5

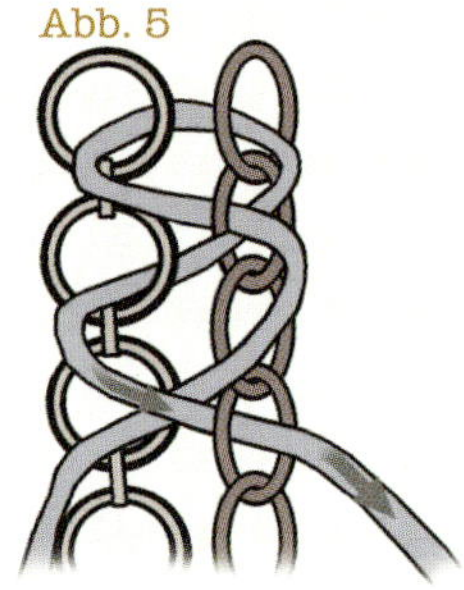

Abb. 6

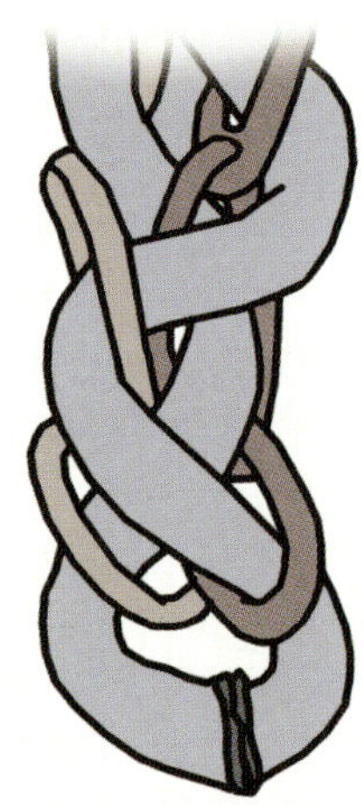

Enden miteinander verschmelzen

Abb. 7

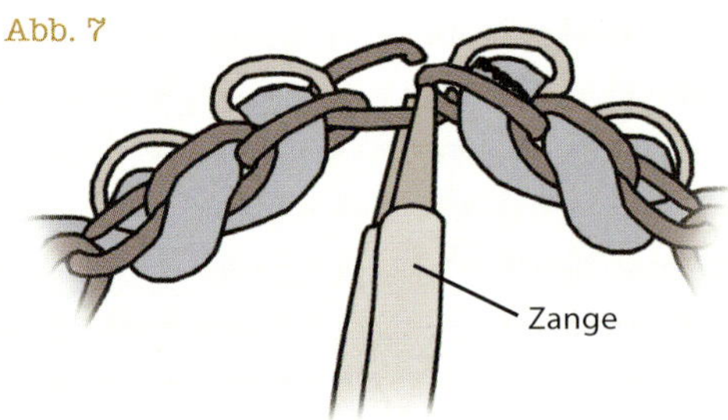

Endglieder verbinden

Geknotete Halskette „Josephine“

Ein modisches Statement

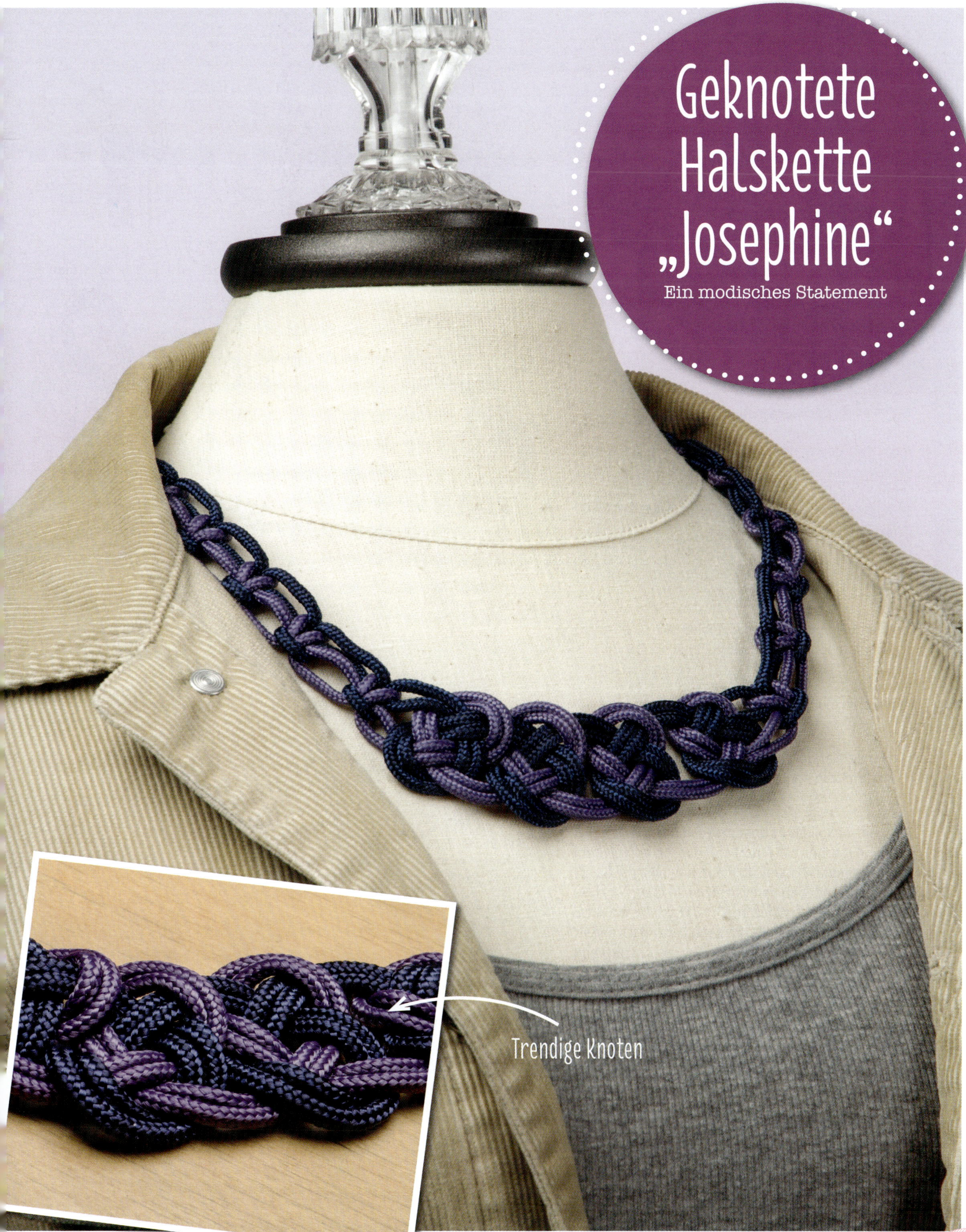

Material

- Zwei Stränge Paracord 550 zu je 2 m in Farbe A
- Zwei Stränge Paracord 550 zu je 2 m in Farbe B
- Zwei Bandklemmen
- Eine Klappschließe
- Einige zusätzliche Zentimeter Halskette oder Binderinge
- Ein Brett mit Stecknadeln

Schritt 1: Die Schnüre den Farben nach zu einem Strang zusammennehmen und damit wie mit einer einzelnen Schnur arbeiten. Suchen Sie die Mitte von Strang A und verkreuzen Sie die Schnüre so, dass die Form eines „b" entsteht (Abb. 1). Anmerkung: Es kann hilfreich sein, diese Form zurechtzustecken.

Schritt 2: Suchen Sie sich die Mitte von Strang B und legen Sie den Mittelpunkt von B auf die Schlinge, die Strang A bildet. Heften Sie die linke Seite von Strang B unter die linke Seite von Strang A (Abb. 2).

Schritt 3: Folgen Sie den Abb. 3–4, um den Josephinenknoten zu knüpfen. Den Knoten gleichmäßig festziehen, indem Sie gleichzeitig an allen Enden ziehen (Abb. 5).

Schritt 4: Wiederholen Sie den Josephinenknoten (Abb. 1–5) auf jeder Seite des ersten Knotens (Abb. 6). Dann den Josephinenknoten je nach Wunsch auf jeder Seite noch 4 oder 5 Mal wiederholen, bevor Sie zum Kreuzknoten übergehen.

Schritt 5: Folgen Sie den Abb. 7–11, um einen Kreuzknoten zu knüpfen. Mit Kreuzknoten fortfahren. Dabei zwischen den Knoten einen Abstand von etwa 2,5 cm lassen.

Schritt 6: Wiederholen Sie die Kreuzknoten auf beiden Seiten auf einer Länge von etwa 20–25 cm (Abb. 12).

Schritt 7: Die mittleren Stränge an den Enden gleichmäßig zurechtschneiden und verschmelzen, bevor sie in die Bandklemmen gesteckt werden. Die Arbeitsschnüre, mit denen die Kreuzknoten gefertigt wurden, können bündig zum letzten Kreuzknoten auf beiden Seiten abgeschnitten und verschmolzen werden. An einem der beiden Bandklemmen die Klappschließe anbringen, am anderen die Kettenglieder oder Binderinge, um die Kette fertigzustellen (Abb. 13).

Abb. 1

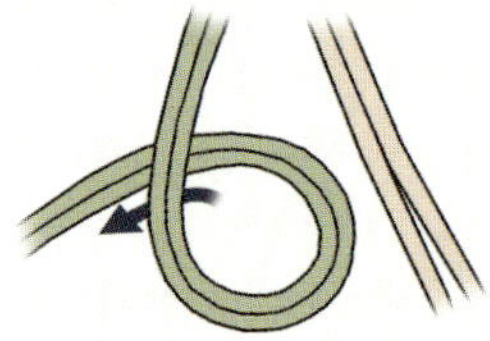

Abb. 2

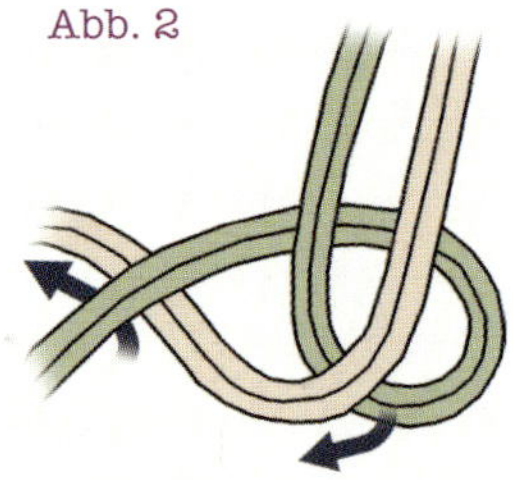

Abb. 3

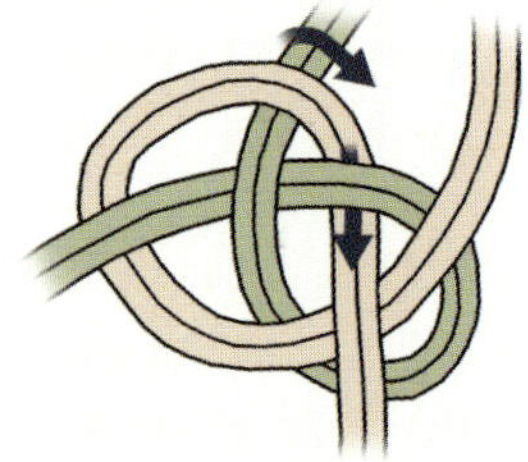

Abb. 4

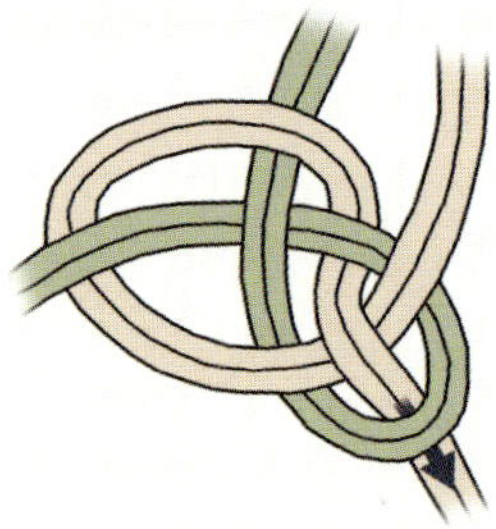

Abb. 5

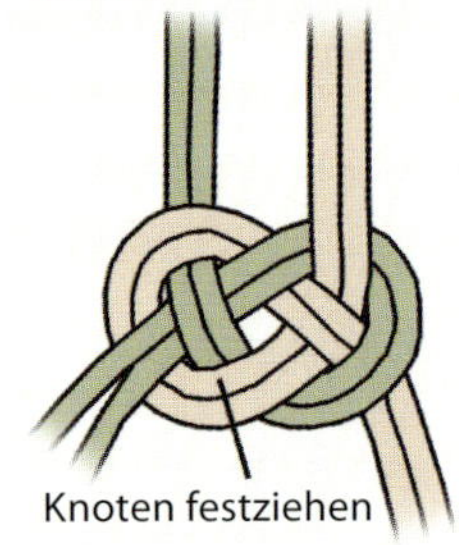

Abb. 6

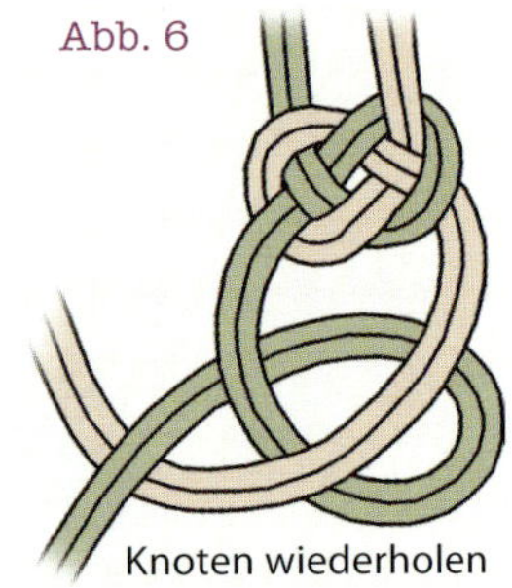

Abb. 7

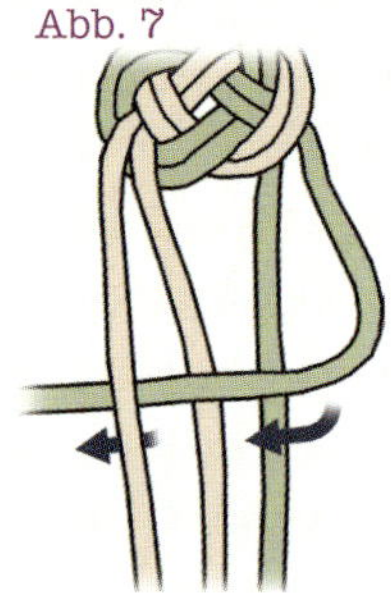

Abb. 8

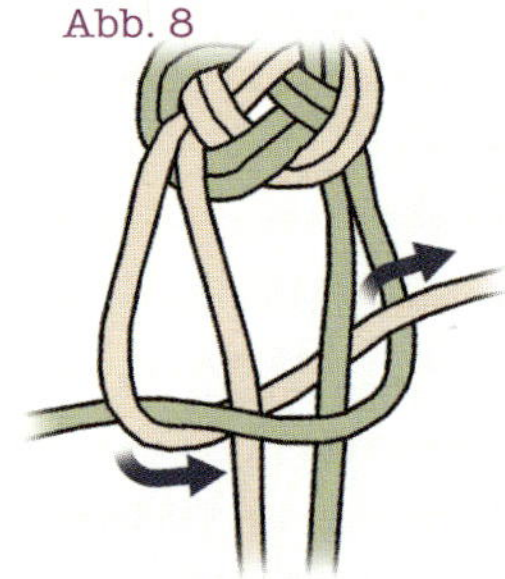

Abb. 9

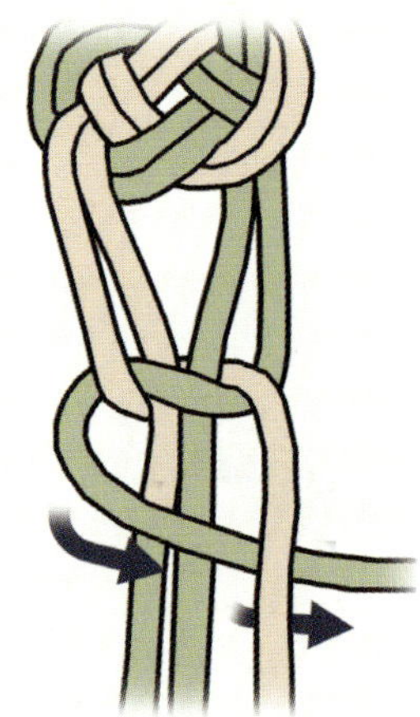

Abb. 10

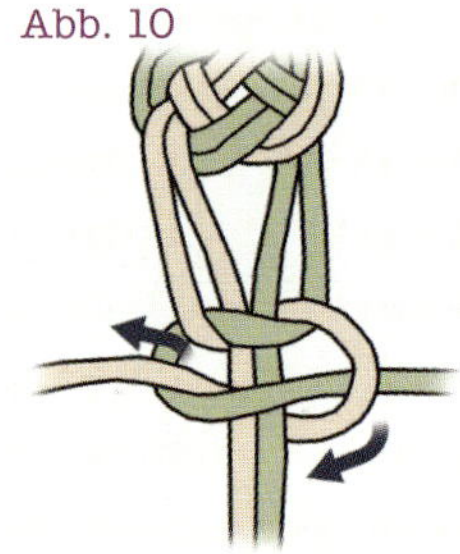

Abb. 11

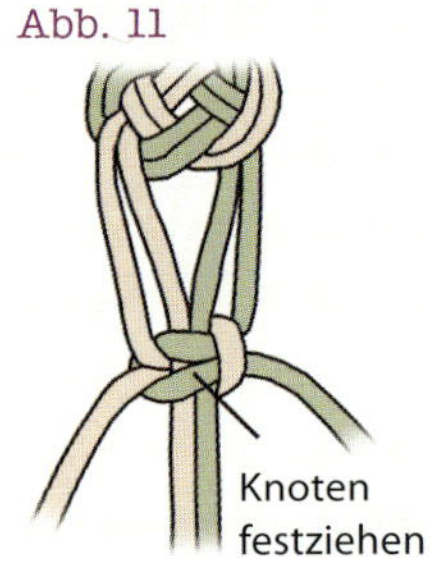

Abb. 12

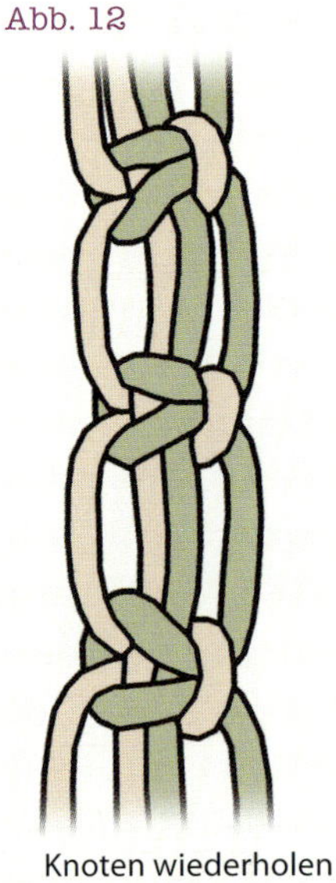

Abb. 13

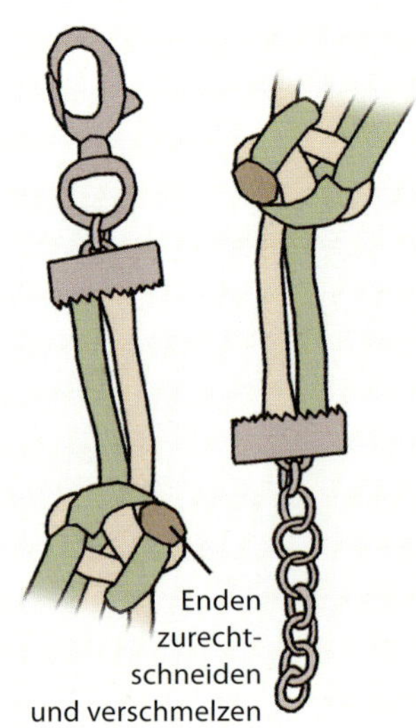

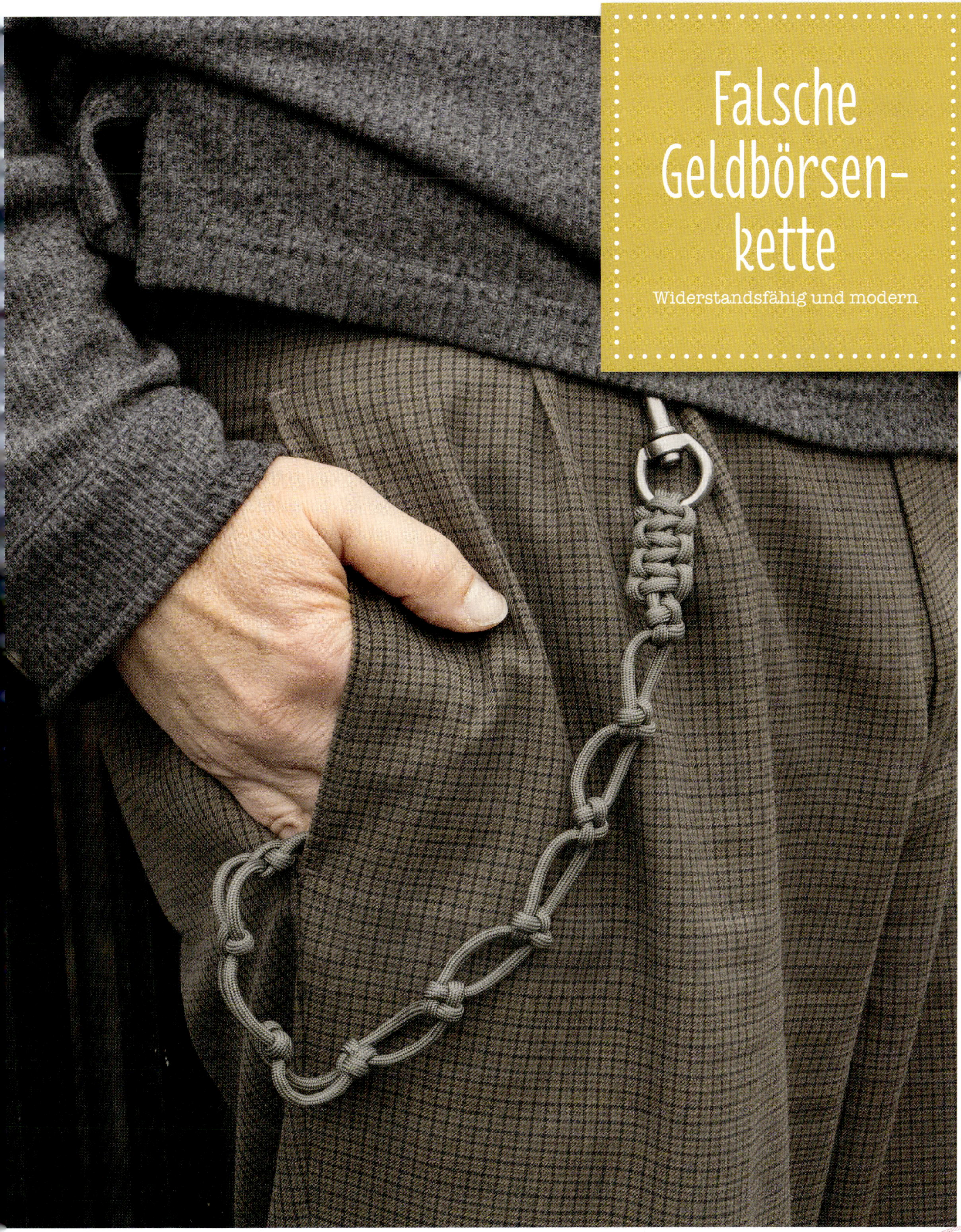

Falsche Geldbörsenkette

Widerstandsfähig und modern

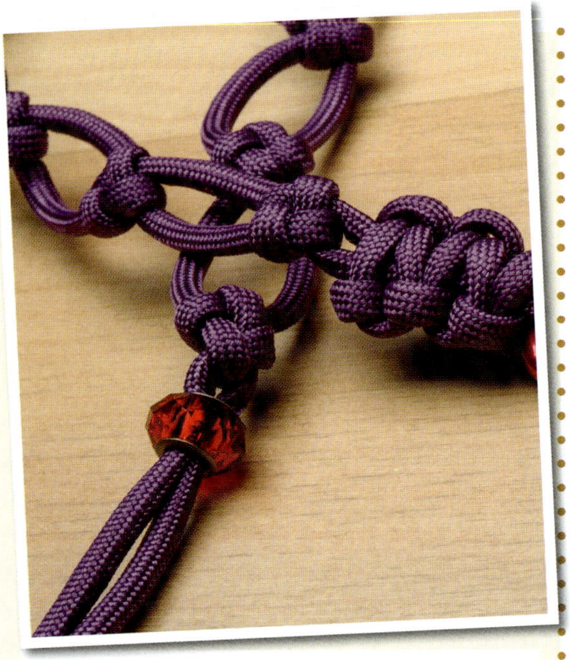

Material

- Ein Strang Paracord 550 zu 2,5 m
- Eine Perle mit großem Loch
- Ein Schnapp- oder Karabinerhaken

Schritt 1: Die Fallschirmschnur in der Hälfte zusammenfalten, um die Mitte zu finden. Den rechten über den linken Strang führen und dabei eine etwa 10 cm große Schlinge formen (Abb. 1).

Schritt 2: Folgen Sie Abb. 2–5, um einen einfachen Kronenknoten zu knüpfen.

Schritt 3: Wiederholen Sie Abb. 1–5, um eine Linie aus einfachen Kronenknoten zu knüpfen. Zwischen den einzelnen Knoten einen Abstand von je 2,5 cm lassen, um den Ketteneffekt zu erzeugen. Etwa 41–45 cm Kette knüpfen.

Schritt 4: Wenn die Schnurkette fertiggestellt ist, die beiden Enden der Schnur durch das Ende des Hakens fädeln (Abb. 6).

Schritt 5: Abb. 7–10 folgen und so eine Reihe von Kreuzknoten machen. Wenn nur noch sehr wenig Schnur übrig bleibt, diese zurechtschneiden und verschmelzen, um die Enden zu befestigen (Abb. 11).

Schritt 6: Eine Perle auf die Schlinge am anderen Ende der Kette auffädeln (Abb. 12). Eine Geldbörse durch die Schlinge schieben und diese im Knick des Portemonnaies positionieren. Die Perle fest an das Ende der Geldbörse schieben, um sie zu befestigen (Abb. 13). Den Haken am Ende der Kette an einer Gürtelschlaufe Ihrer Hose einhängen und dann die Brieftasche in Ihre Hosentasche stecken.

Abb. 1

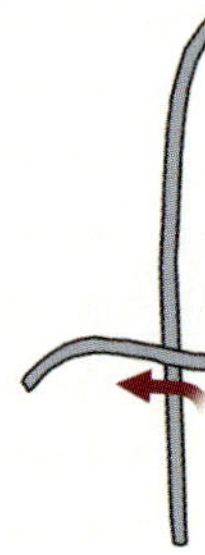

Abb. 2

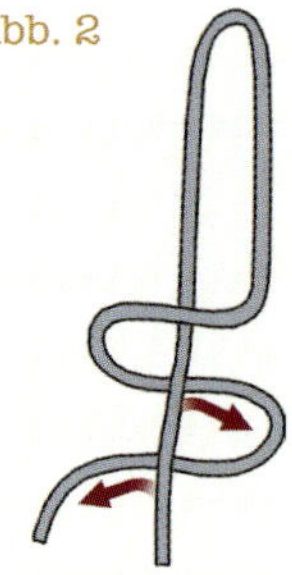

Abb. 3

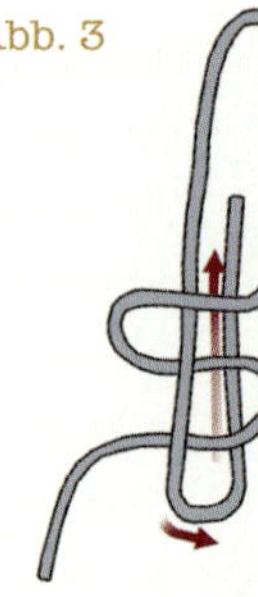

Abb. 4

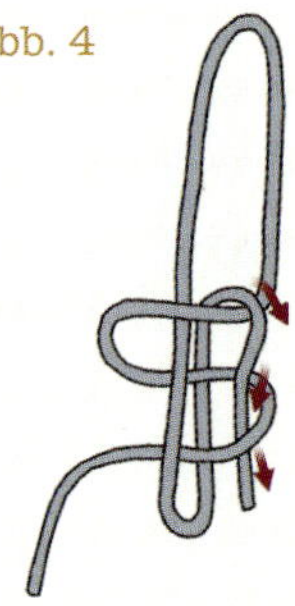

Abb. 5

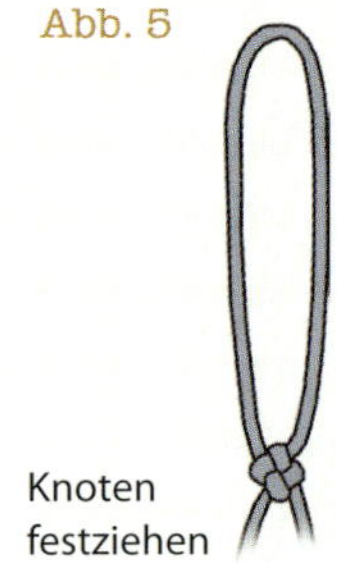

Abb. 6

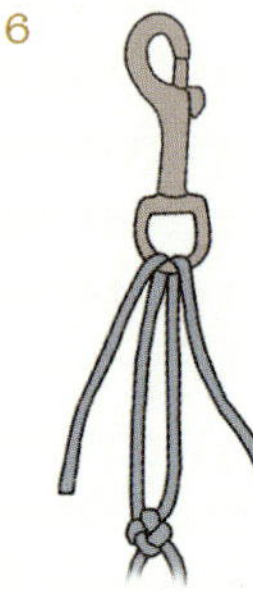

Abb. 7

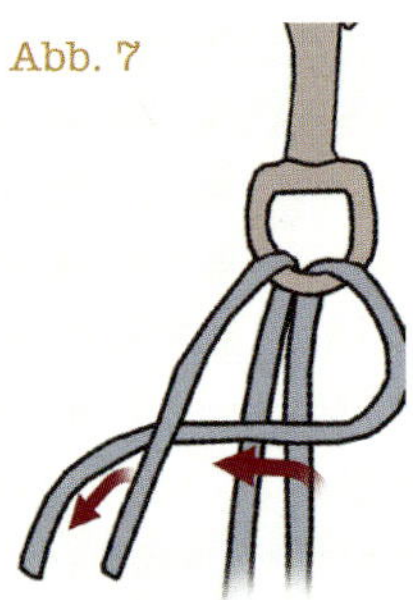

Abb. 8

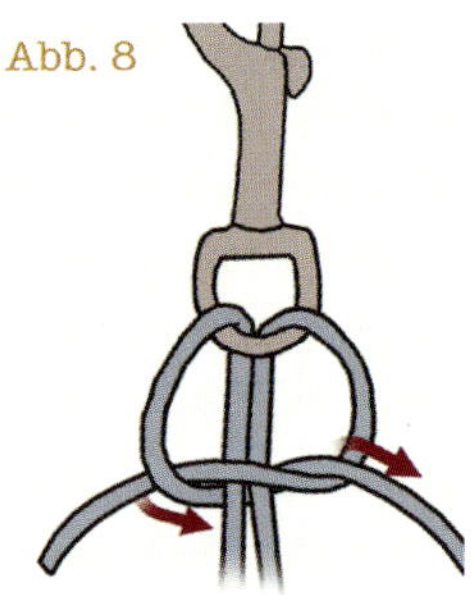

Abb. 9

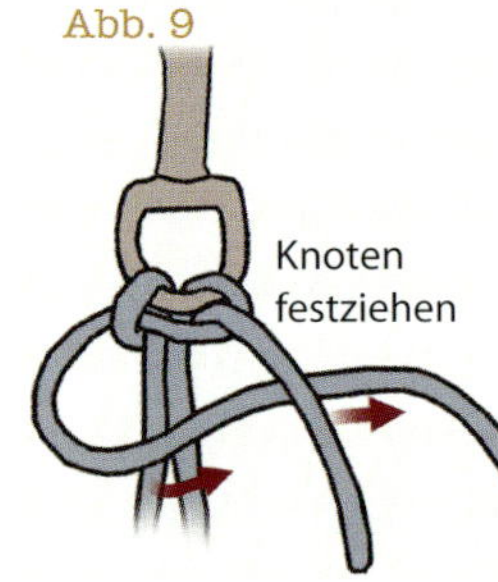

Abb. 10

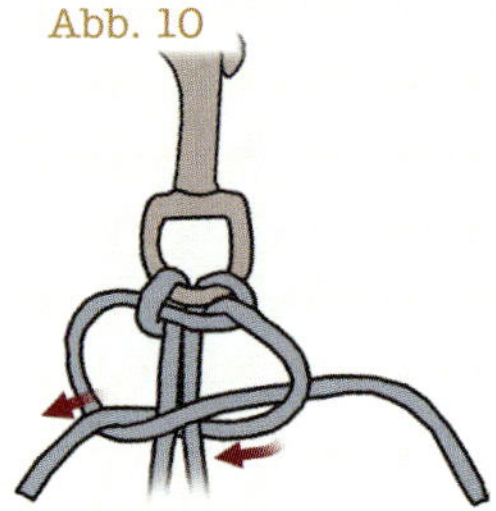

Abb. 11

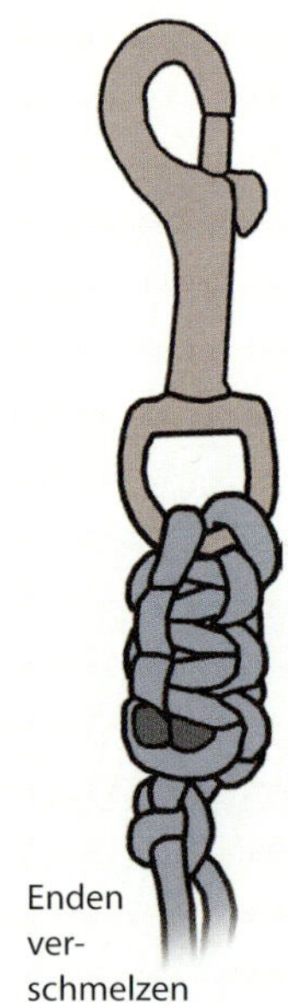

Abb. 12

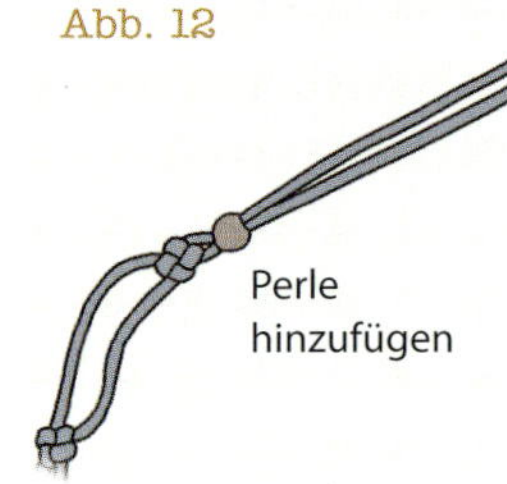

Abb. 13

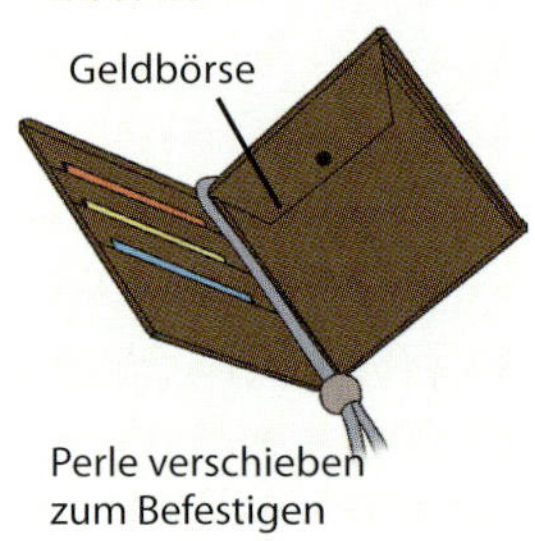

Verschränkter Kreuzknotengürtel

Ein zuverlässiger Helfer

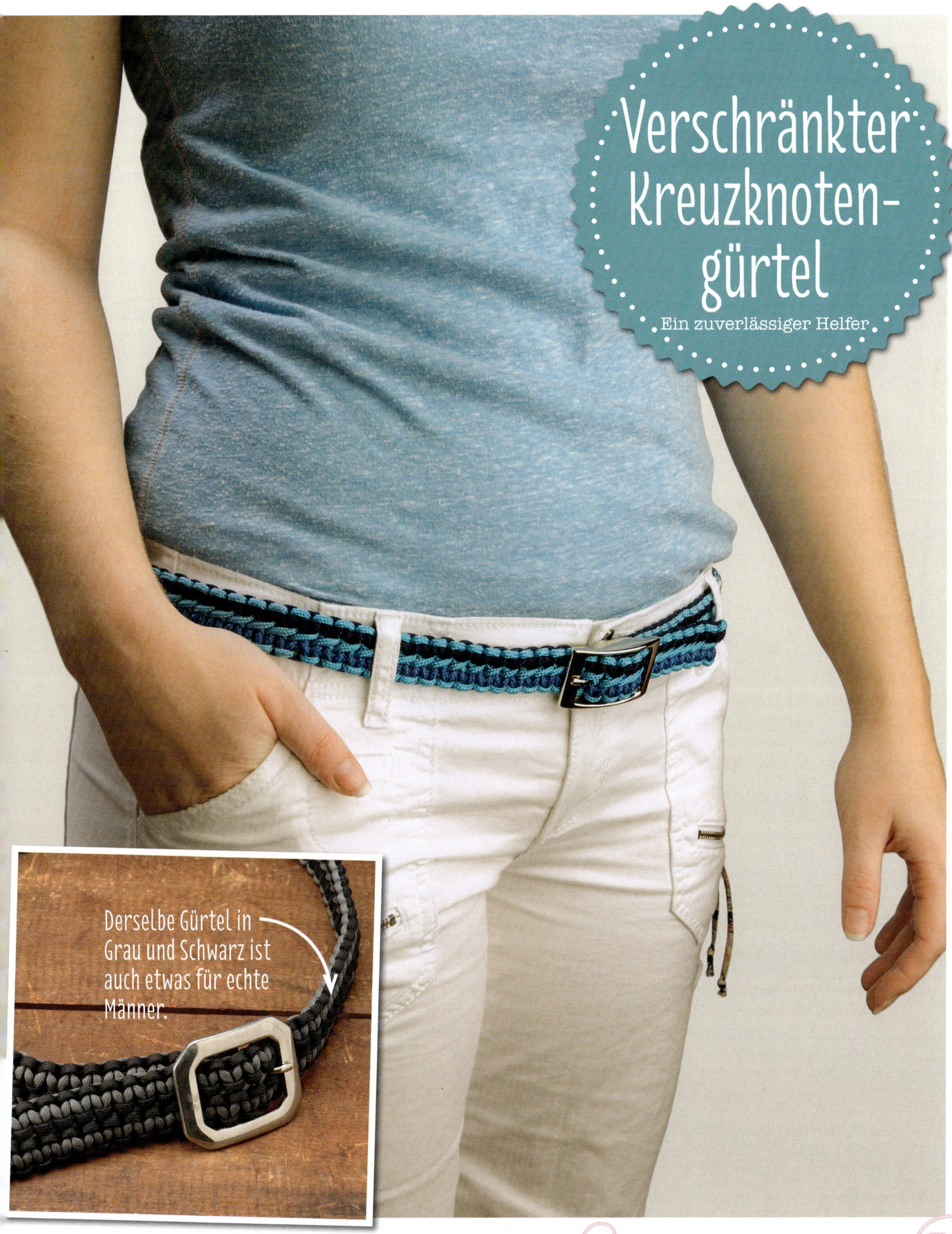

Material

Anmerkung: Die Anleitung für diese Arbeit ergibt einen 102 cm langen Gürtel, der bequem um eine Hüfte von 86 cm passt. Wenn Sie einen längeren Gürtel machen möchten, ist mehr Schnur nötig.

- Zwei Stränge Paracord 550 zu je 5 m in Farbe A
- Zwei Stränge Paracord 550 zu je 5 m in Farbe B
- Zwei Stränge Paracord 550 zu je 5 m in Farbe C
- Eine metallene Gürtelschnalle

Schritt 1: Die Fallschirmschnur in der Farbe B mittig nehmen und am Querbalken um die Nadel der Gürtelschnalle mit einem Ankerknoten befestigen. Die Farben A und C auf den beiden Seiten befestigen (Abb. 1). Die Länge der inneren Fäden der Farben A und C an die gewünschte Endlänge des Gürtels mittels Ziehen anpassen. Wenn der Gürtel beispielsweise 102 cm lang sein soll, so hängen diese beiden Schnüre in einer Länge von 102 cm an der Schnalle. Sie werden um einiges kürzer sein als die Arbeitsfäden (Abb. 2)

Schritt 2: Von rechts beginnend mit den Strängen 4 und 6 einen Kreuzknoten knüpfen. Dabei den Abb. 3–6 folgen.

Schritt 3: Mit den Strängen 1 und 3 das Prozedere des Kreuzknotenknüpfens wiederholen und dabei Abb. 7–10 folgen.

Schritt 4: Vor der Wiederholung des Knüpfens die mittleren Fäden (Faden 3 und 4) wie in Abb. 11 gezeigt überkreuzen und so ein X bilden. Die Schnur zur Linken sollte immer über die Schnur zur Rechten führen.

Schritt 5: Den Vorgang des Knüpfens wiederholen und dabei den Abb. 3–11 folgen, bis der Gürtel fertig ist. Sollte Ihnen die Fallschirmschnur an einem der Arbeitsfäden ausgehen, verschmelzen Sie einfach eine neue Länge Paracord an die verwendete Schnur, wie auf Seite 7 beschrieben (dies sollte für die inneren Stränge nicht notwendig sein).

Schritt 6: Wenn der Gürtel fertig ist, die überschüssige Schnur zurechtschneiden und die Enden miteinander verschmelzen (Abb. 12)

Abb. 1

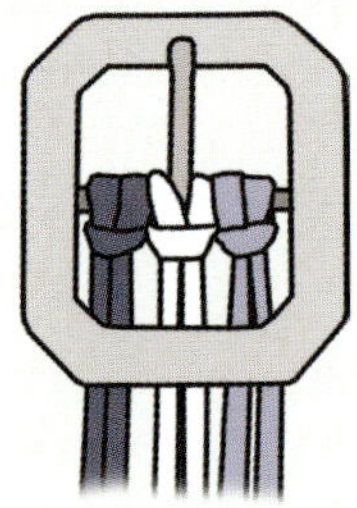

Abb. 2

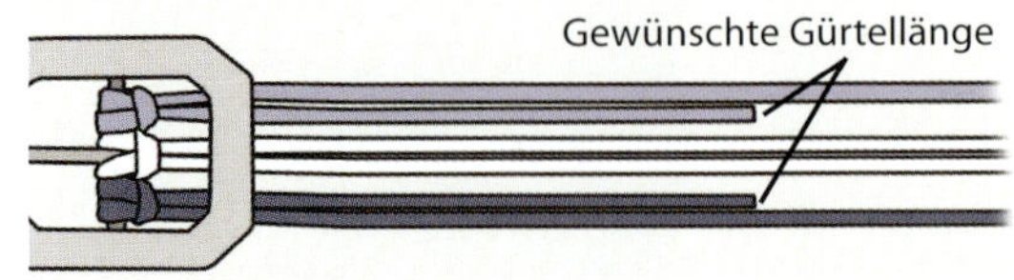

Abb. 3

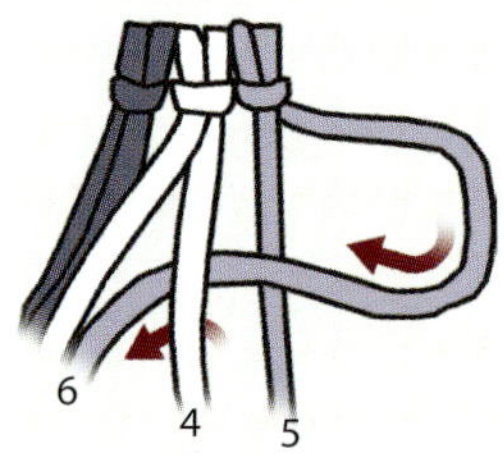

Abb. 4

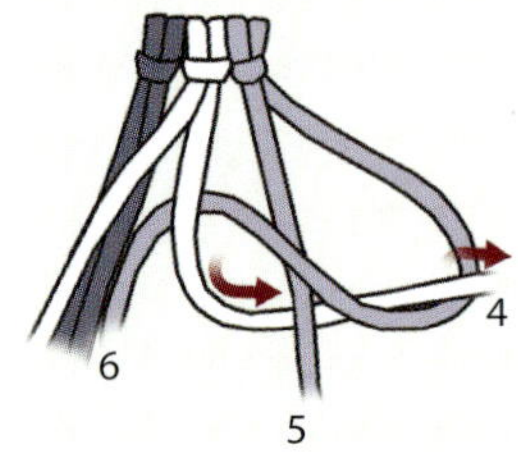

Abb. 5

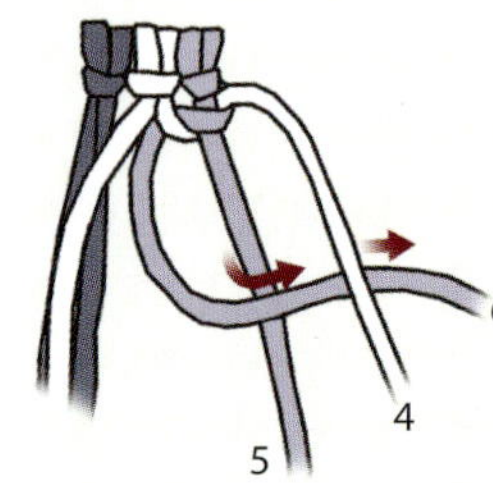

Abb. 6

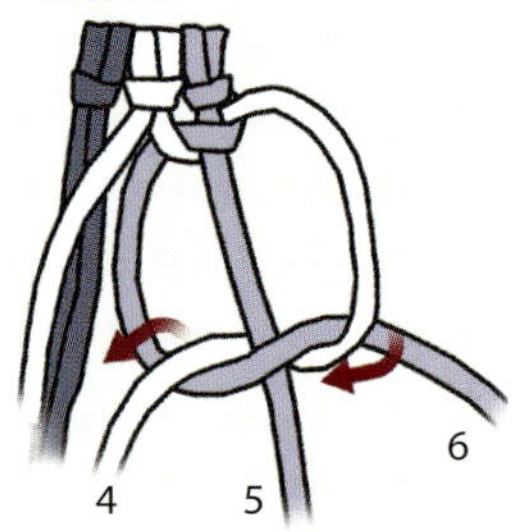

Abb. 7

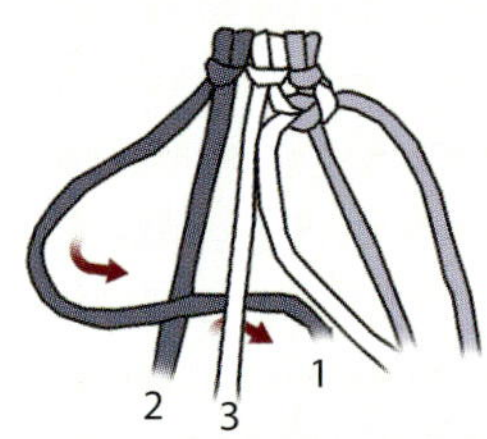

Abb. 8

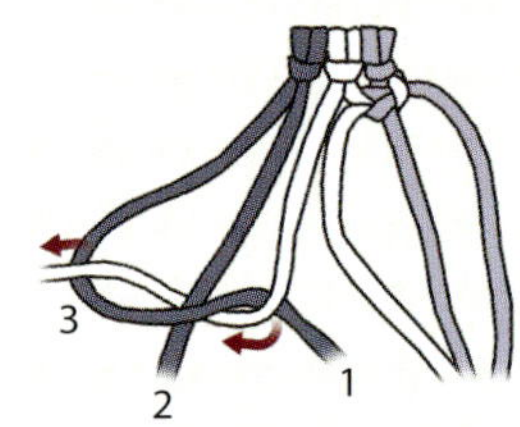

Abb. 9

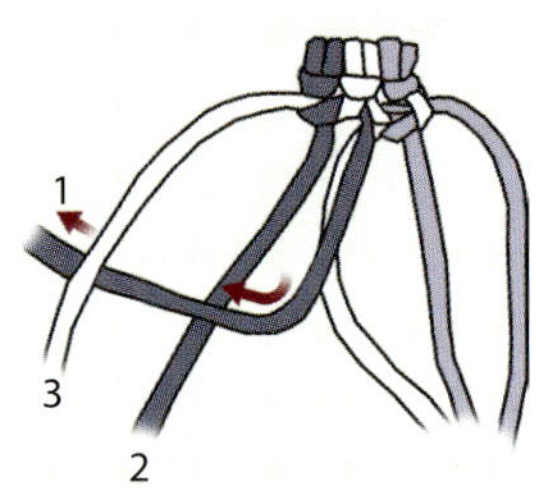

Abb. 10

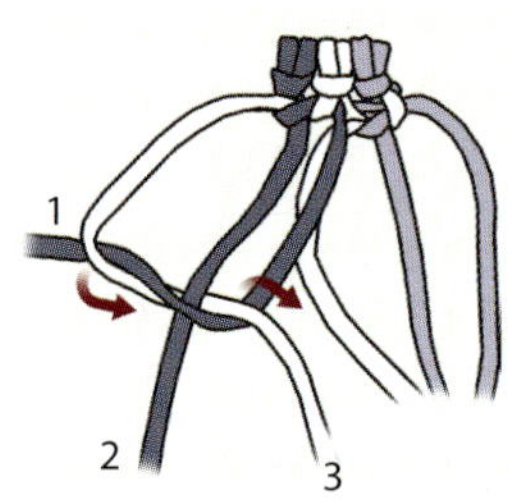

Abb. 11

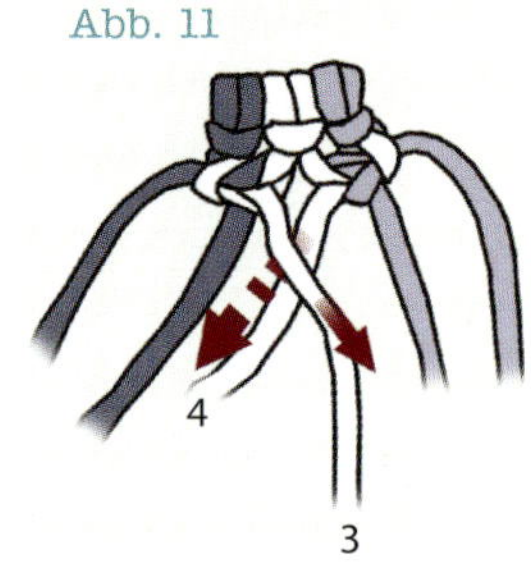

Abb. 12

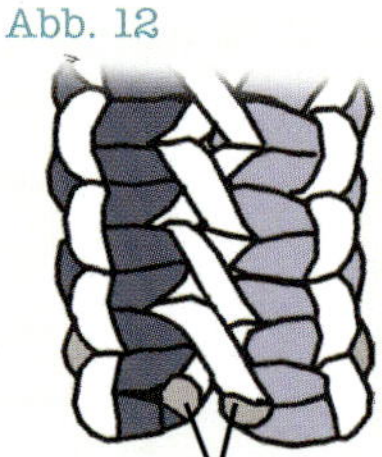

Einfaches Schlüsselband

Ein Lagerfeuerklassiker

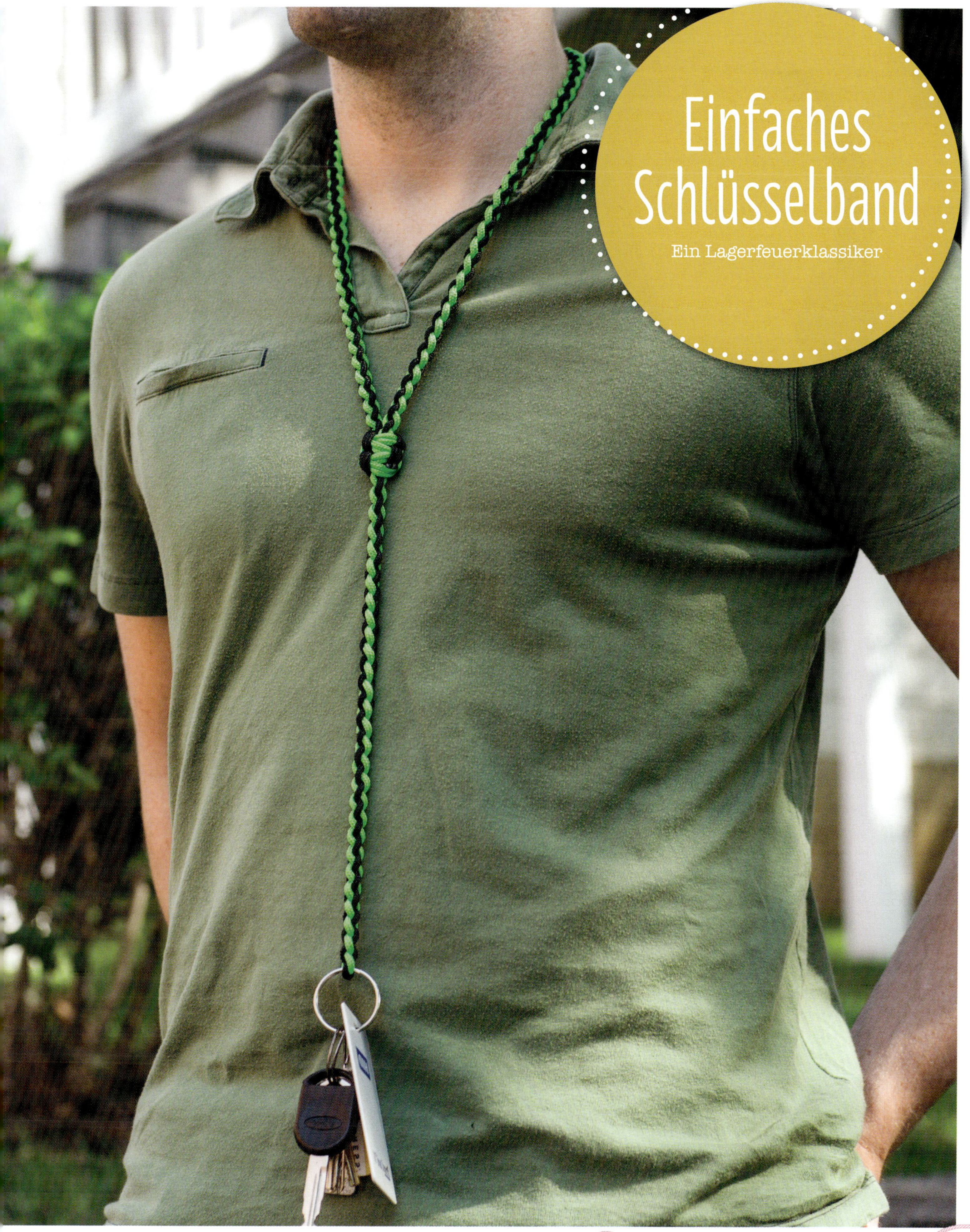

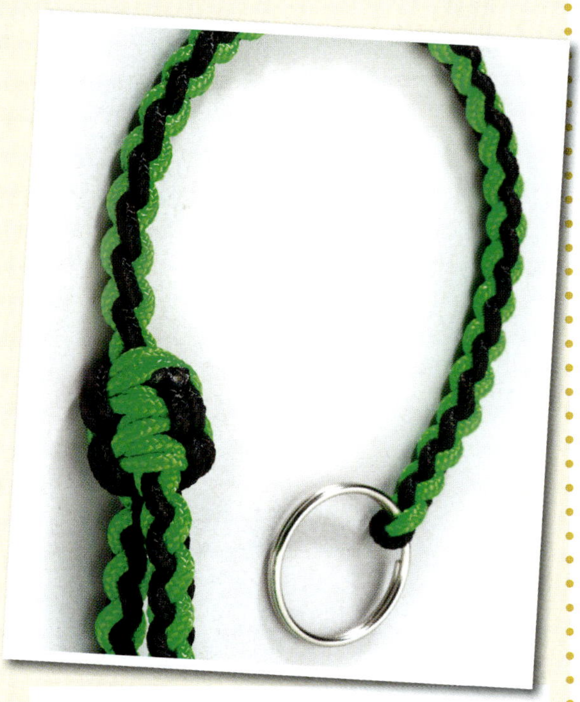

Material

- Zwei Stränge Paracord 325 zu 3 m
- Ein Schlüsselring

Schritt 1: Die beiden Stränge Fallschirmschnur mittig an dem Schlüsselring anordnen. Die Schnüre so ordnen, dass dieselben Farben nebeneinanderliegen.

Schritt 2: Folgen Sie den Abb. 2–5, um einen runden Zopf aus 4 Strängen zu flechten. Dies wiederholen, bis noch 31–35 cm ungeflochtener Paracord übrigbleiben.

Schritt 3: Die geflochtene Schnur zu einer Schlinge formen, die groß genug ist, dass sie über den Kopf gezogen werden kann. Strang 1 und 2 so anordnen, dass sie hinter dem Schlüsselband verlaufen (Abb. 6).

Schritt 4: Die doppelten Fäden wie einzelne Stränge behandeln und einen Kreuzknoten um die geflochtene Schnur herumknüpfen (Abb. 7–12). Versuchen Sie, den mittleren Zopf durch den Kreuzknoten zu schieben, um sicherzugehen, dass der Knoten nicht zu fest ist.

Schritt 5: Wenn möglich einen zweiten Knoten knüpfen, indem Abb. 7–12 wiederholt werden. Die überschüssige Schnur zurechtschneiden und die Enden in den Kreuzknoten verschmelzen.

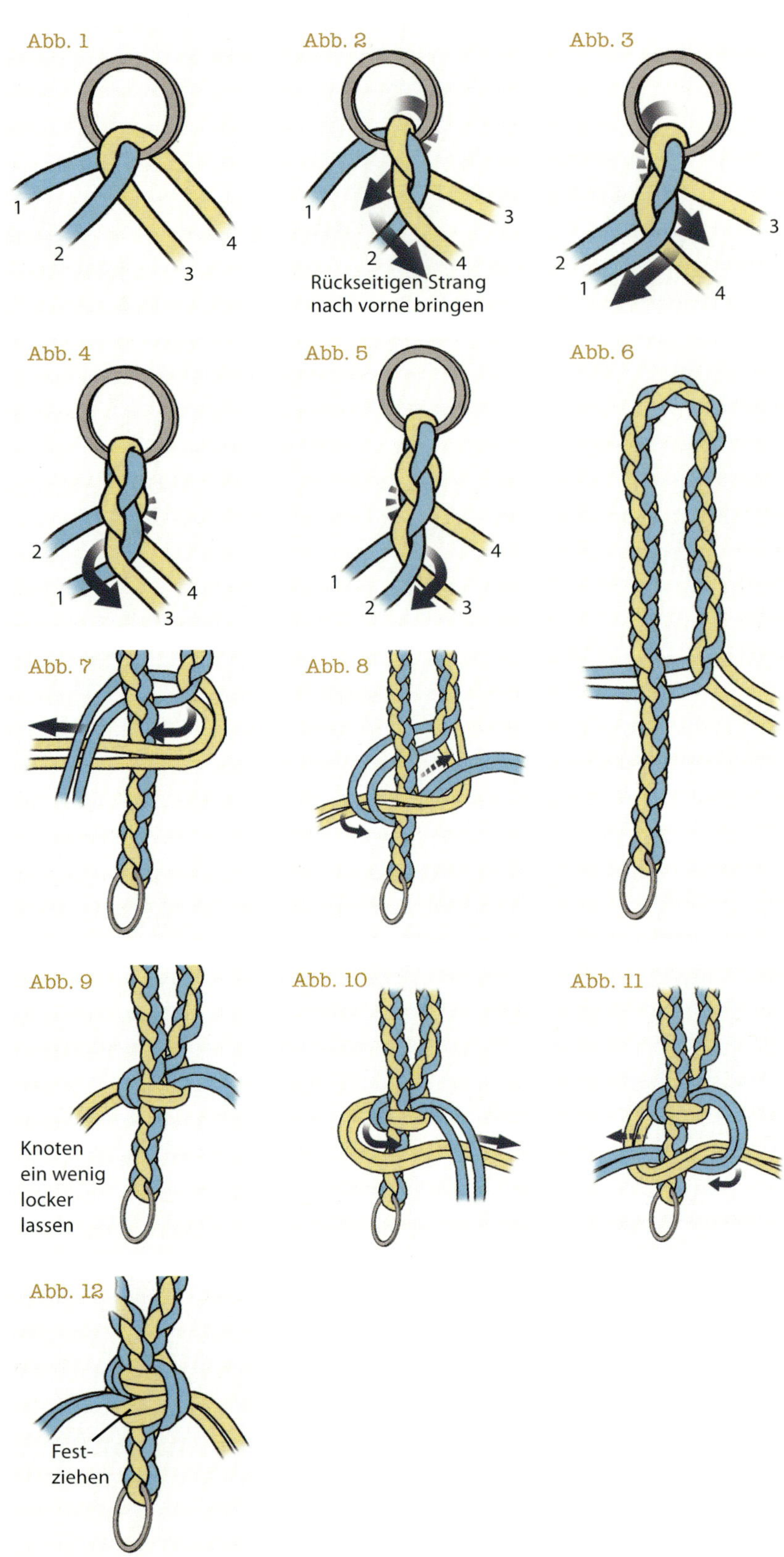

Verstellbares Hundehalsband mit Leine

Ein praktisches Mode-Statement für den besten Freund des Menschen

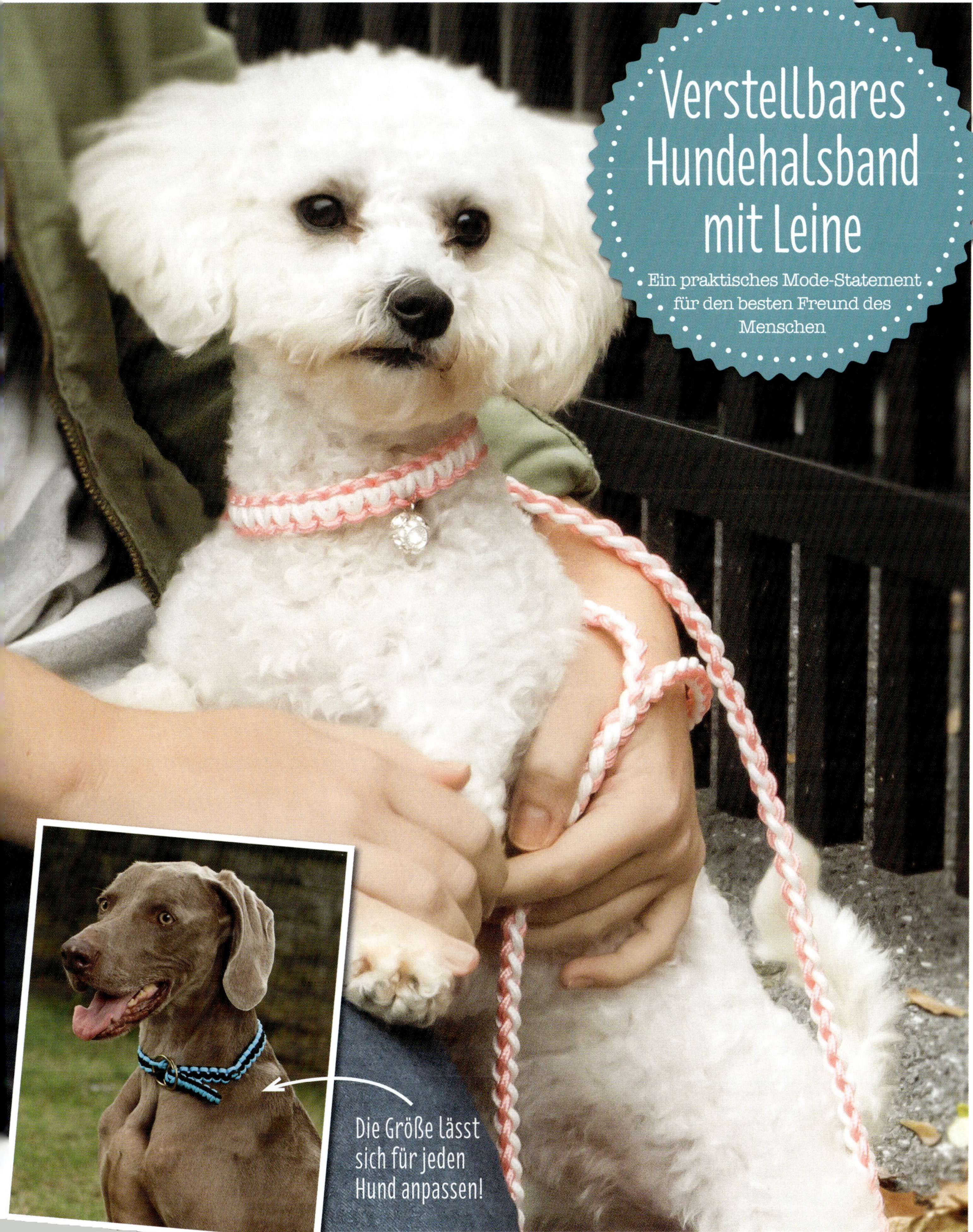

Die Größe lässt sich für jeden Hund anpassen!

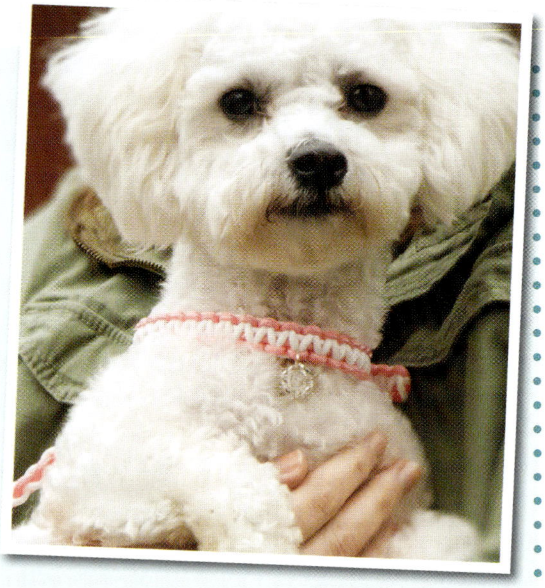

Schritt 1: Messen Sie den Hals Ihres Hundes ab und fügen Sie noch 13–15 cm zu diesem Maß hinzu. Das Ergebnis ist die Endlänge des Hundehalsbandes.

Schritt 2: Beide Stränge mit einem Ankerknoten an einem der Metallringe (4 cm) befestigen (Abb. 1). Die Stränge NICHT auf die gleiche Länge ziehen, sondern die inneren Schnüre auf die Länge des Hundehalsbandes einstellen. Soll das Halsband beispielsweise eine Endlänge von 61 cm haben, sollten auch die mittleren Schnüre 61 cm von dem Ring herabhängen, die äußeren Schnüre werden daher viel länger sein.

Schritt 3: Die Außenfäden durch den zweiten Ring (4 cm) fädeln. Den Ring nahe an die Ankerknoten heranbringen (Abb. 2).

Schritt 4: Die mittleren Fäden mit einer Büroklammer etwa 20–25 cm vor dem Schnurende aneinander befestigen. Das ist die Markierung für den letzten Ring.

Schritt 5: Abb. 3–7 folgen, um einen Kreuzknoten zu knüpfen, und diesen bis zur Büroklammer immer wieder wiederholen.

Schritt 6: Die Büroklammer entfernen und den letzten Ring (2,5 cm) auf die mittleren Schnüre schieben, wie auf Abb. 8 gezeigt.

Schritt 7: Abb. 9–13 folgen und weiter Kreuzknoten knüpfen, bis die mittleren Schnüre bedeckt sind.

Schritt 8: Vor der Fertigstellung überprüfen, ob das Halsband dem Hund auch passt. Wenn die Größe des Halsbandes stimmt, überschüssige Schnur zuschneiden und die Enden verschmelzen, um ein Auftrennen zu verhindern (Abb. 14).

Materialien für das Halsband

Anmerkung: Wenn das Halsband eher praktisch als nur dekorativ sein soll, immer Paracord 550 verwenden – vor allem für größere Hunderassen.

- Zwei Stränge Paracord 325 oder 550 zu je 3–5 m (siehe Größentabelle rechts)
- Zwei geschweißte Metallringe (4 cm)
- Ein geschweißter Metallring (2,5 cm)
- Wahlweise: Eine Büroklammer (oder eine andere Markierung, wie etwa eine Haarklammer)

Abb. 1

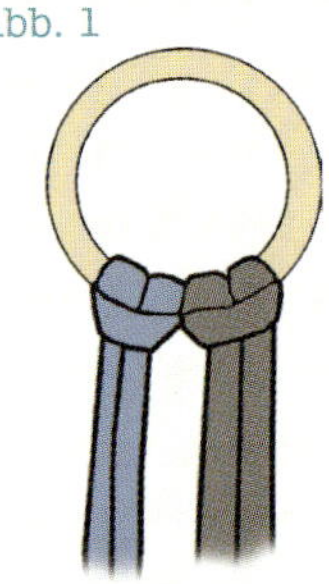

Abb. 2

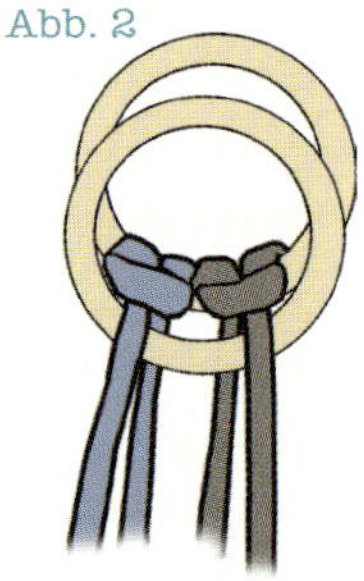

Abb. 3

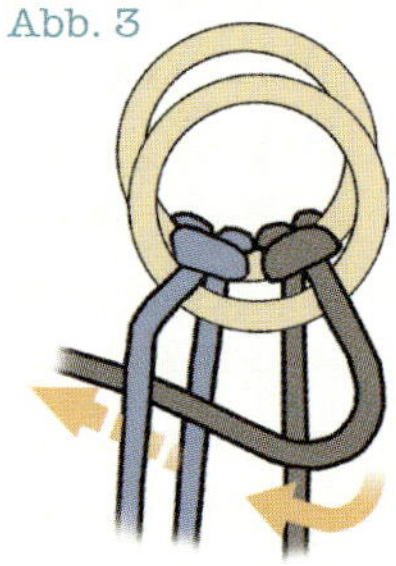

Abb. 4

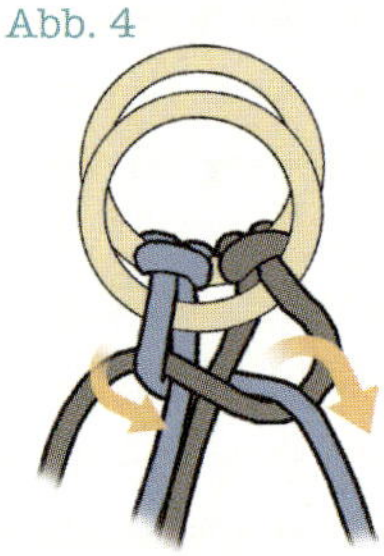

Abb. 5

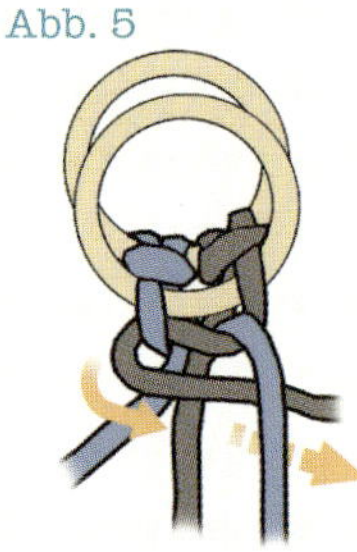

Abb. 6

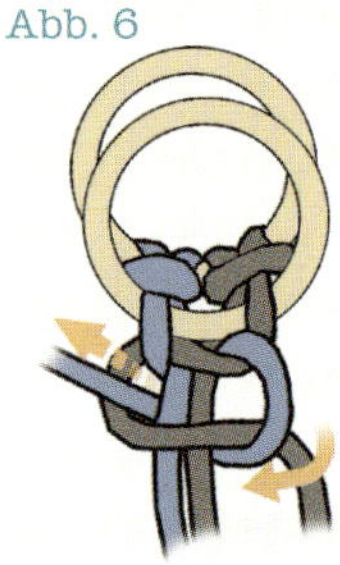

Abb. 7

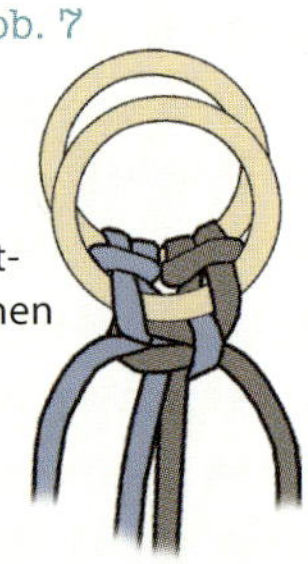

Abb. 8

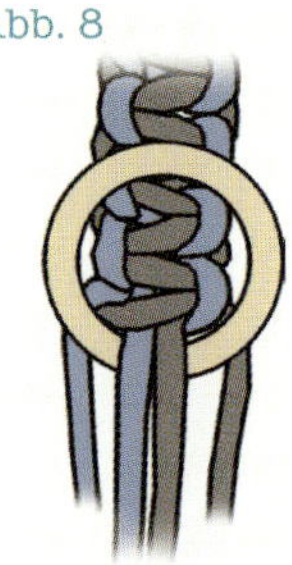

Abb. 9

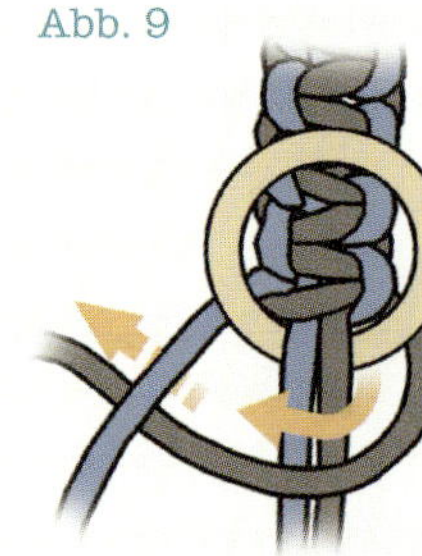

Abb. 10

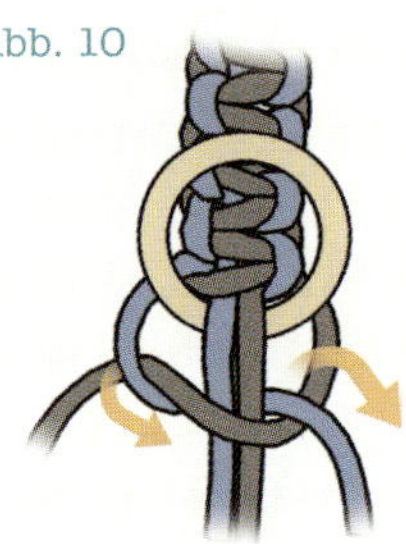

Abb. 11

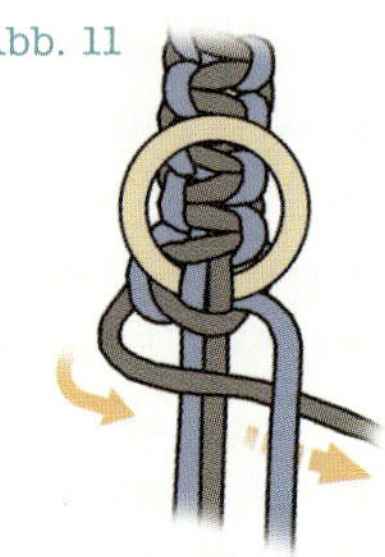

Abb. 12

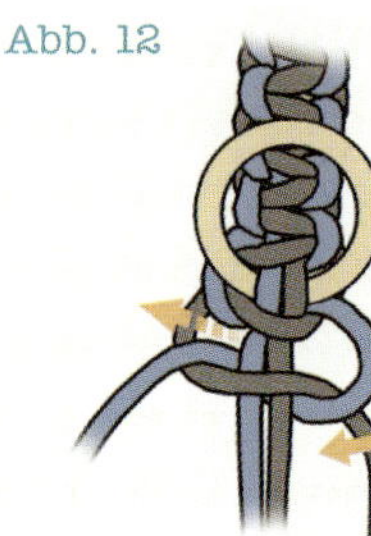

Größentabelle

- Kleine Hunde: 3 m Schnur für ein 31–41 cm langes Halsband verwenden (das Halsband 51 cm lang knüpfen).
- Mittlere Hunde: 4 m Schnur für ein 41–45 cm langes Halsband verwenden (das Halsband 61 cm lang knüpfen).
- Große Hunde: 5 m Schnur für ein 51–61 cm langes Halsband verwenden (das Halsband 76 cm lang knüpfen).

Abb. 13

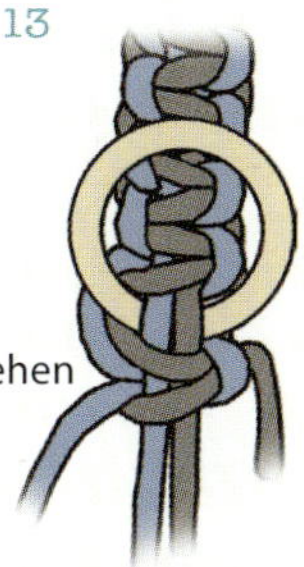

Abb. 14

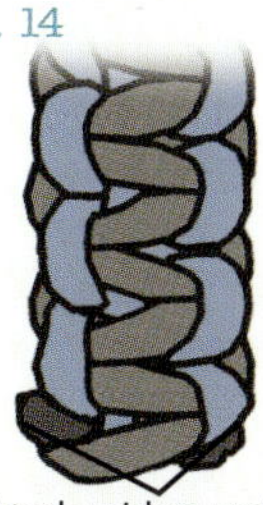

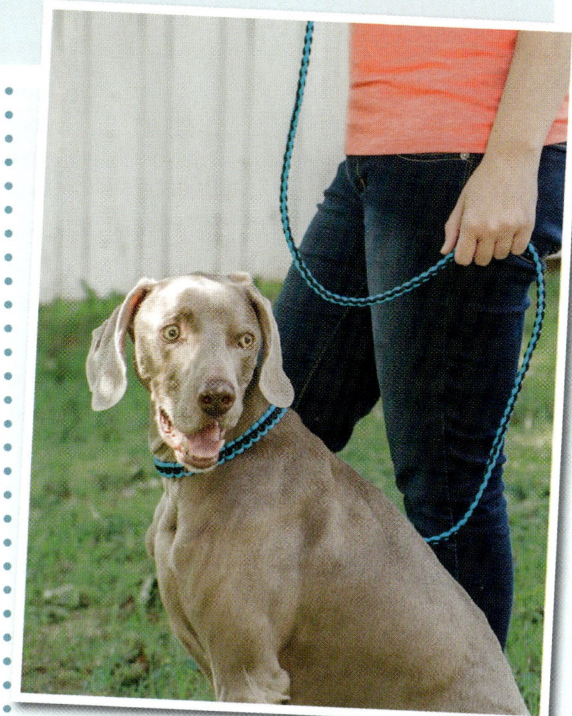

Materialien für die Leine

- Zwei Stränge Paracord 550 zu je 5 m
- Ein metallener Haken für die Hundeleine
- Eine Büroklammer (um die Schnur zu verweben)

Abb. 1

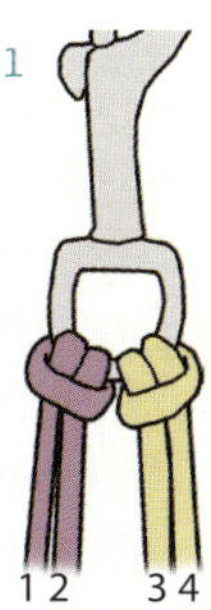

Abb. 2

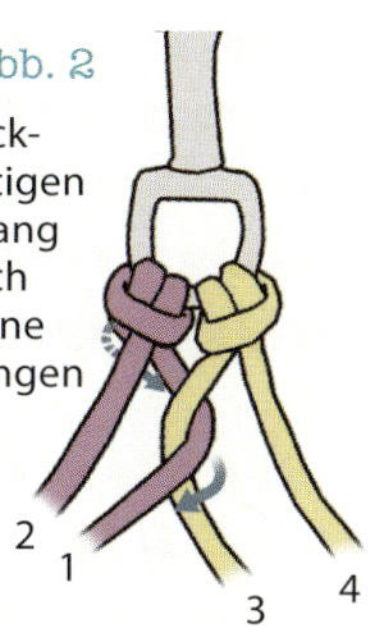

Abb. 3

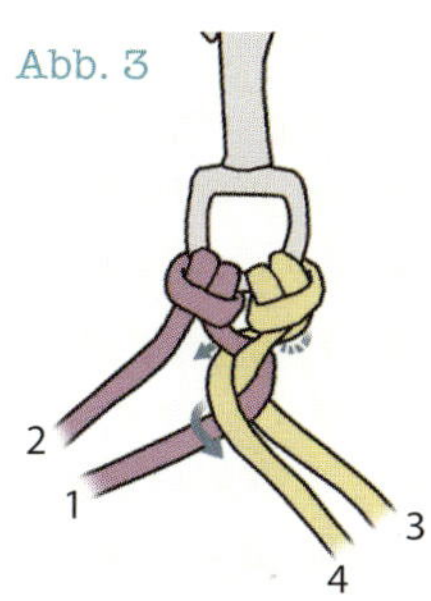

Abb. 4

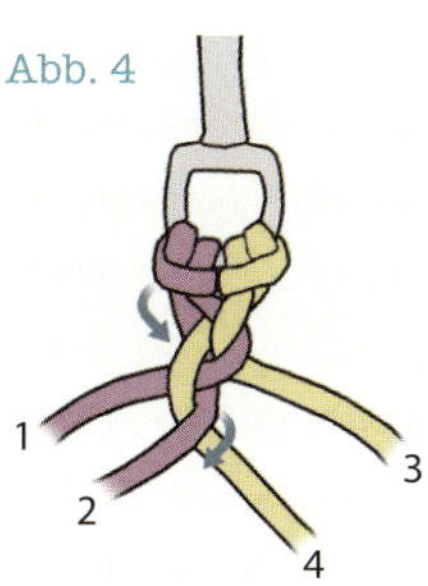

Abb. 5

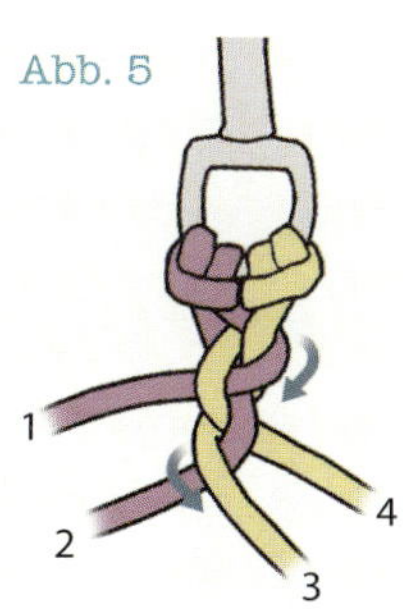

Abb. 6

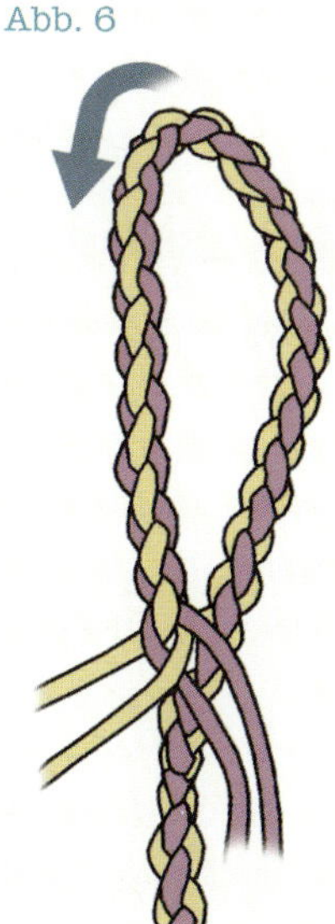

Abb. 7

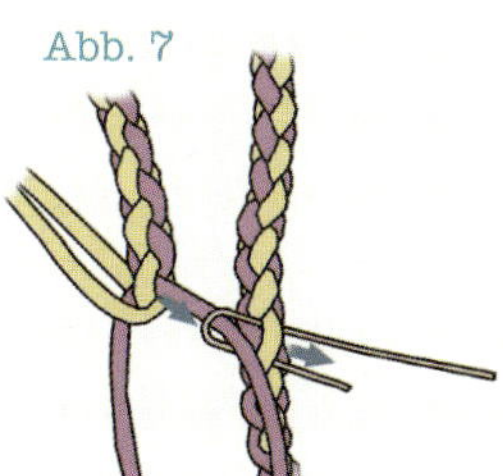

Abb. 8

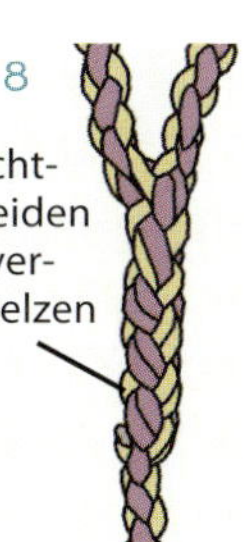

Ergibt eine etwa 1–1,5 m lange Leine.
Anmerkung: Wenn die Leine regelmäßig verwendet werden soll, verarbeiten Sie Paracord 550 für den stärksten Halt und wählen Sie einen Haken, der das Gewicht des Hundes halten kann.

Schritt 1: Die beiden Schnüre mittig mit einem Ankerknoten an dem Haken befestigen.

Schritt 2: Abb. 2–5 folgen, um einen runden Zopf aus 4 Strängen zu flechten, bis nur noch 20–25 cm der unverarbeiteten Schnur übrigbleiben.

Schritt 3: Das Ende der Leine, wie in Abb. 6 gezeigt, in eine Schlinge legen, die groß genug ist, dass Ihre Hand hindurchpasst. Eine Schlinge von 13–15 cm sollte für die meisten Menschen angenehm sein.

Schritt 4: Mit einer Büroklammer die losen Enden zurück in die Leine weben und dem Zopfmuster weiter folgen (Abb. 7).

Schritt 5: Wenn Ihnen die Schnur ausgeht oder wenn Sie 7,5 cm oder mehr verwoben haben, die überschüssige Schnur abschneiden und verschmelzen (Abb. 8)

Kameragurt

Fotografieren. Drucken. Aufhängen.

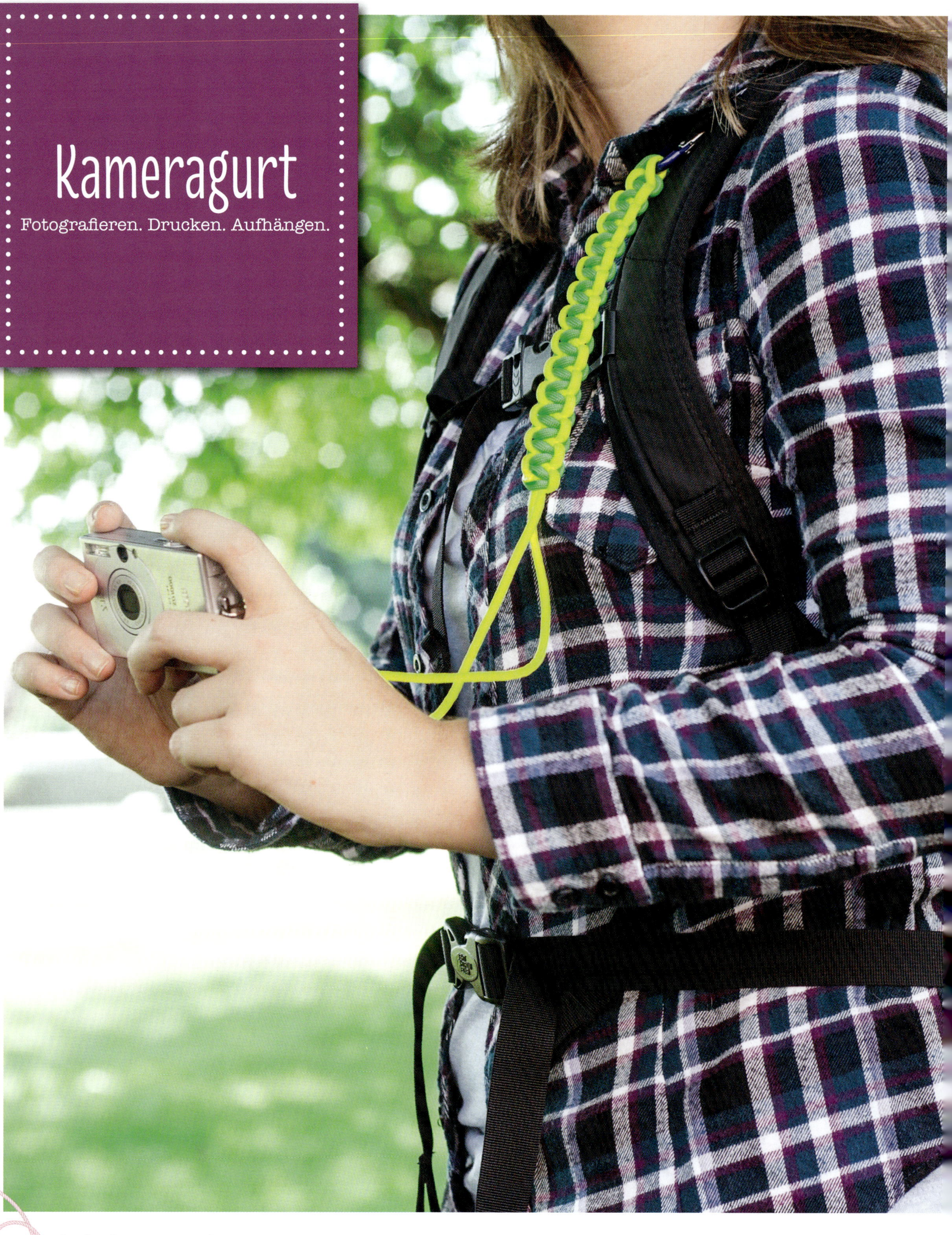

Abb. 1

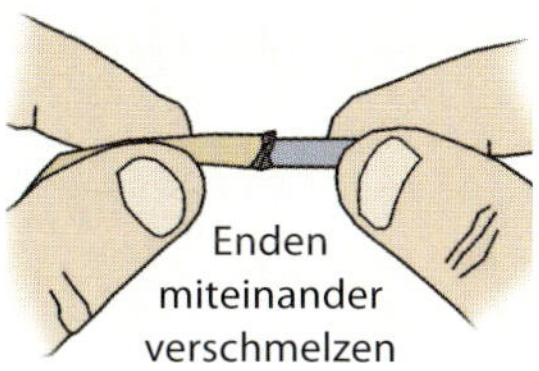

Abb. 2

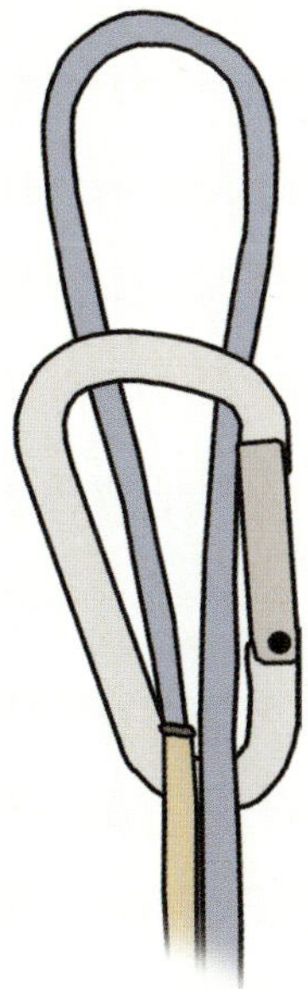

Abb. 3

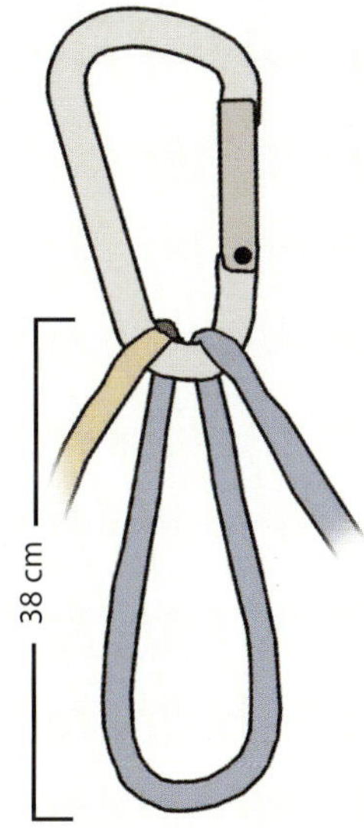

Abb. 4

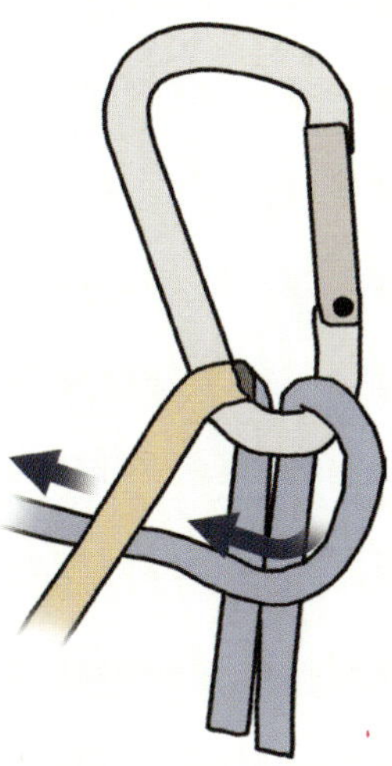

Abb. 5

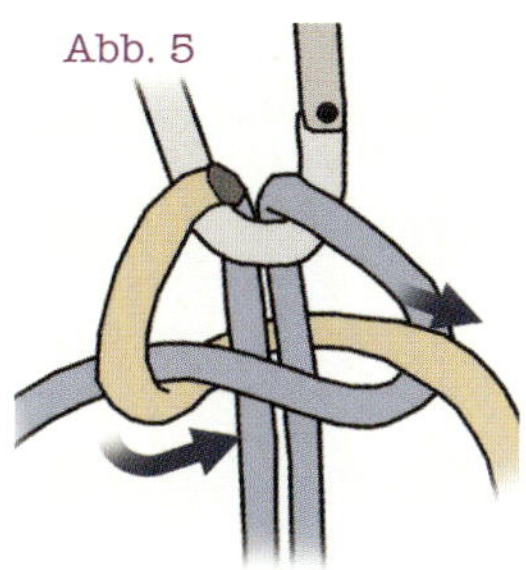

Abb. 6

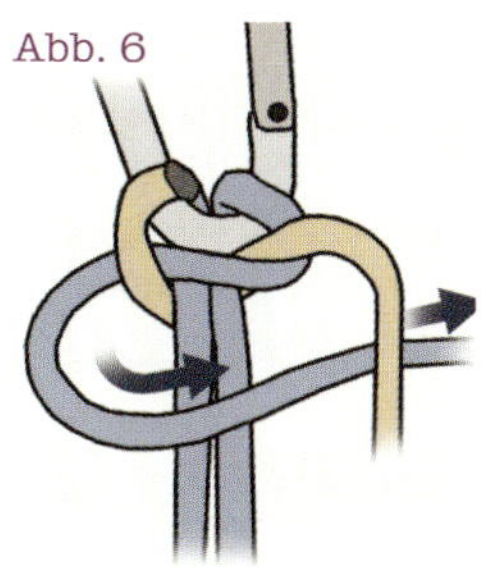

Abb. 7

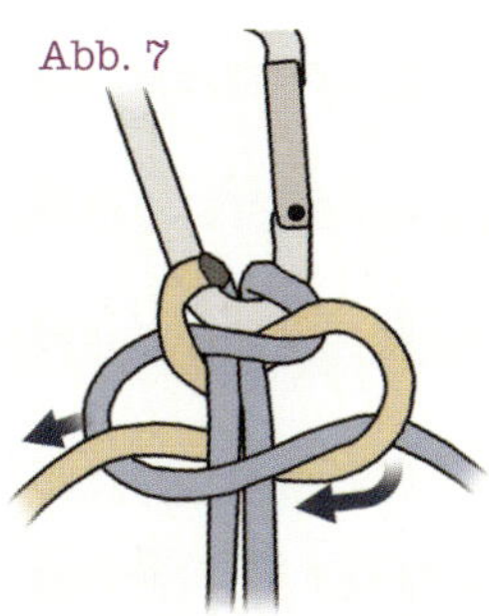

Abb. 8

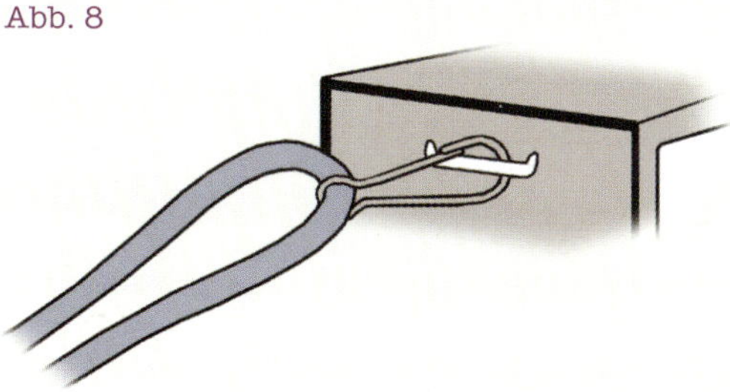

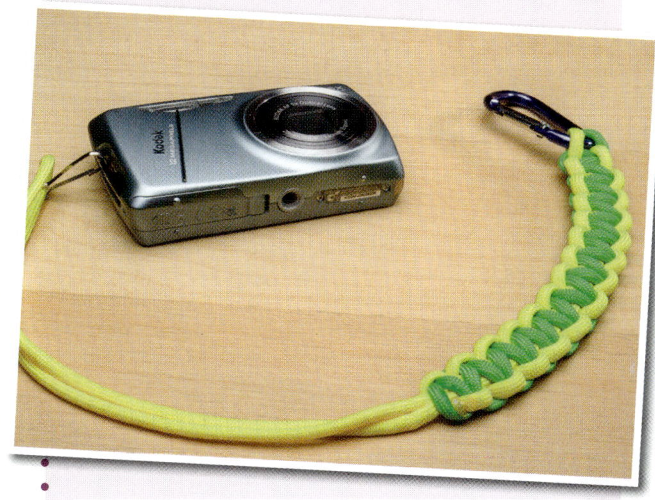

Material

- Ein Strang Paracord 550 in Farbe A zu 2 m
- Ein Strang Paracord 550 in Farbe B zu 2 m
- Ein Metallkarabiner (oder Bergsteigerhaken)
- Ein Schlüsselband-Haken

Schritt 1: Die beiden Stränge aus Paracord miteinander verschmelzen, um eine Schnur von 4 m zu erhalten (Abb. 1)

Schritt 2: Eine 38 cm große Schlinge bilden und diese durch die Mitte des Karabiners fädeln. Die Fäden mittig auf dem Haken anordnen, sodass die Arbeitsfäden verschiedenfarbig sind (Abb. 2–3).

Schritt 3: Abb. 4–7 folgen, um einen Kreuzknoten zu knüpfen. Diesen wiederholen, bis Ihnen die Schnur ausgeht oder das Muster ca. 15 cm lang ist.

Schritt 4: Am Ende der Schlaufe kann ein Schlüsselband-Haken befestigt werden, um damit die Kamera zu sichern (Abb. 8)

Schlüsselanhänger

Damit in der Nähe ist, was wichtig ist.

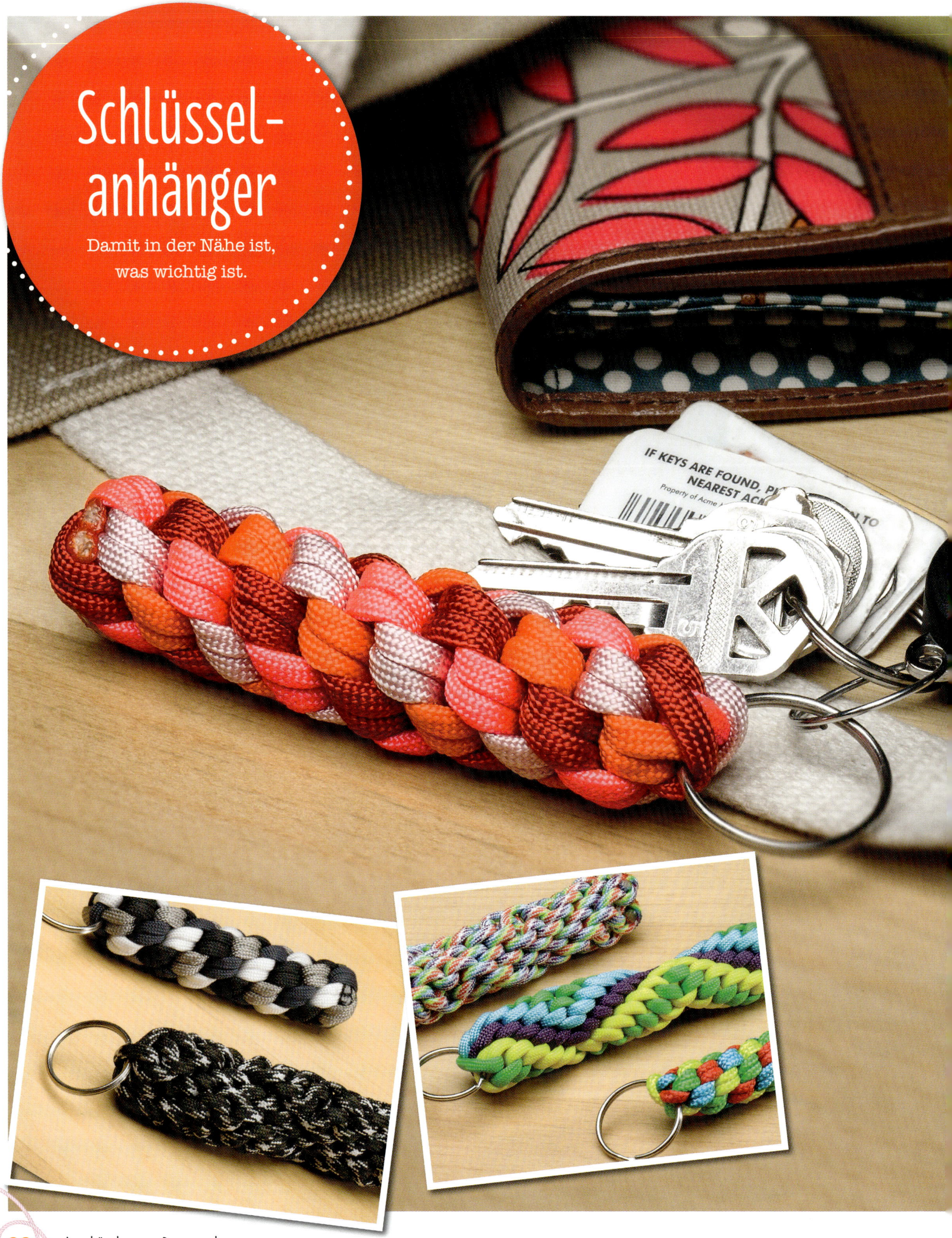

Abb. 1

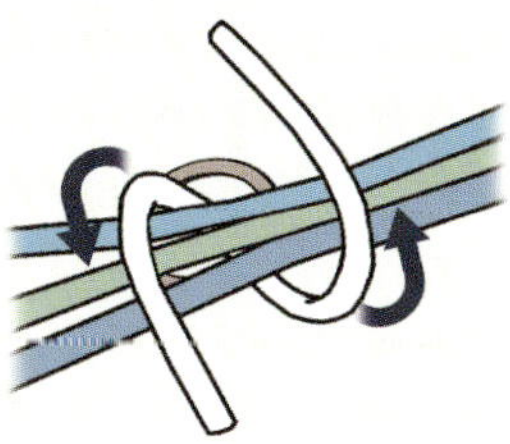

Abb. 2

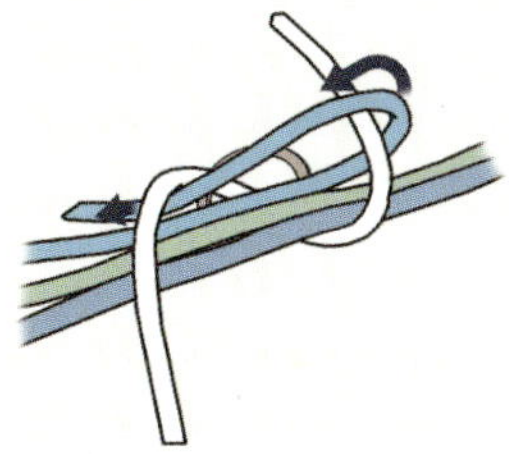

Abb. 3

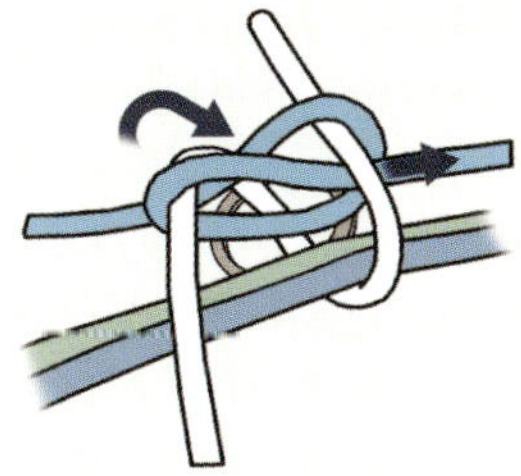

Abb. 4

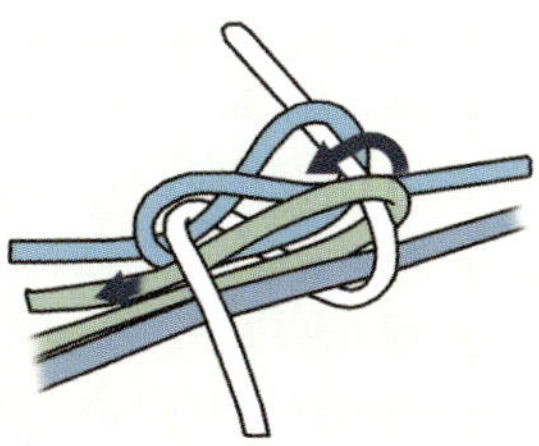

Abb. 5

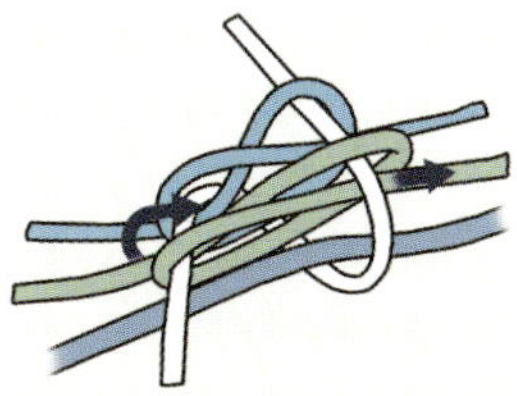

Abb. 6

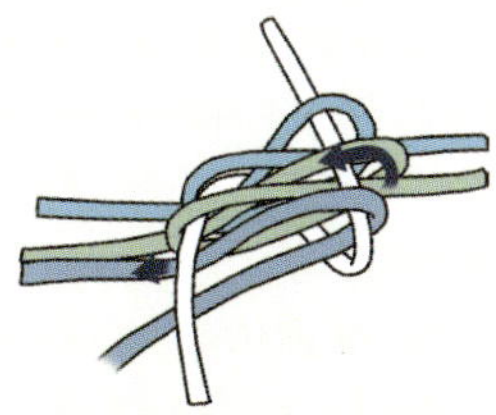

Abb. 7

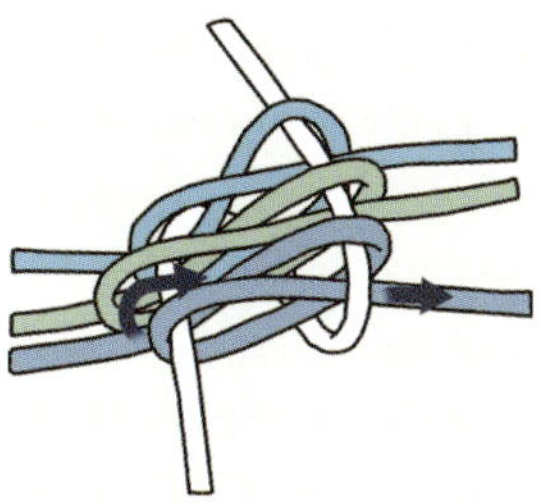

Abb. 8

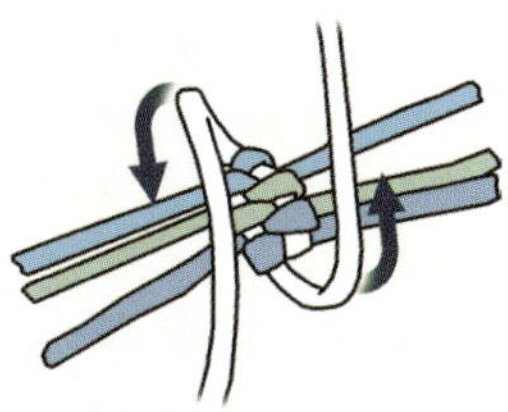

Abb. 9

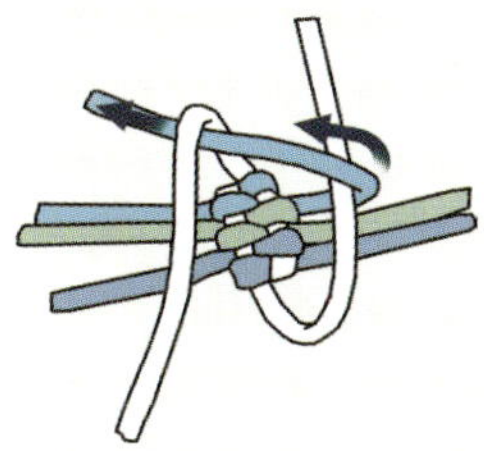

Abb. 10

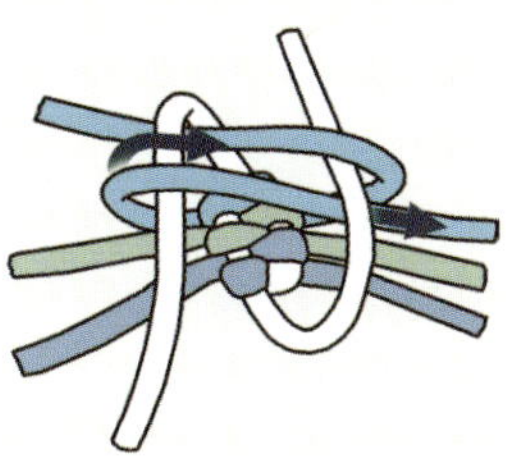

Abb. 11

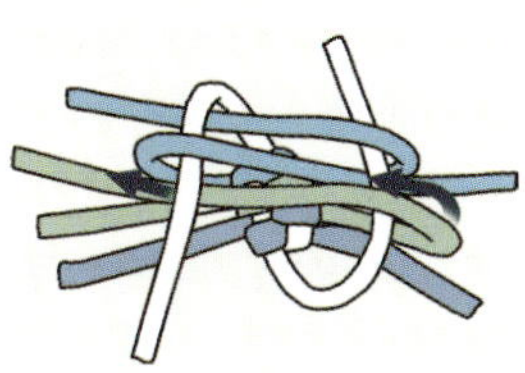

Abb. 12

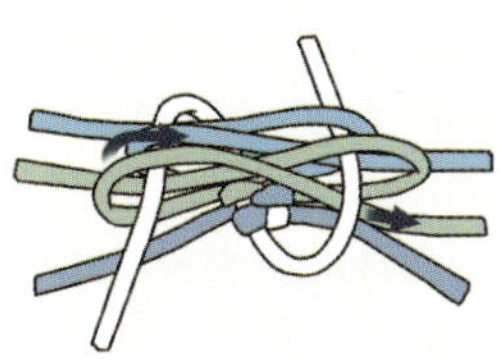

Abb. 13

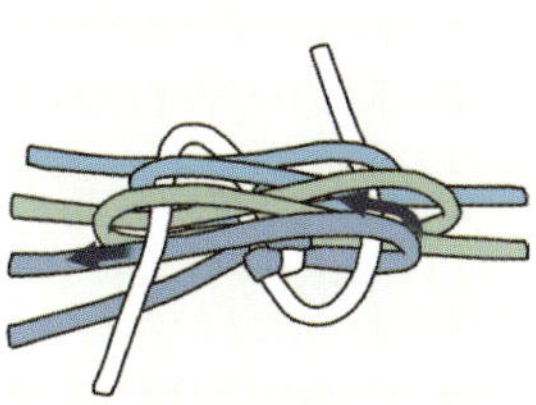

Abb. 14

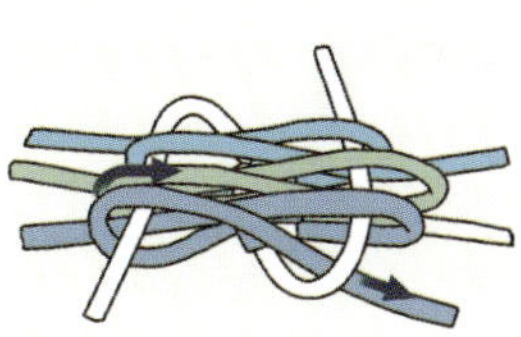

Abb. 15

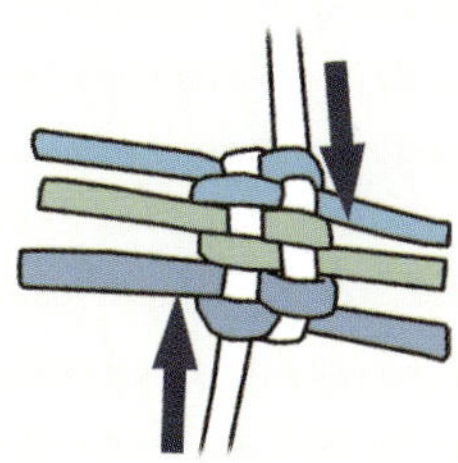

Zickzack-Schlüssel-anhänger

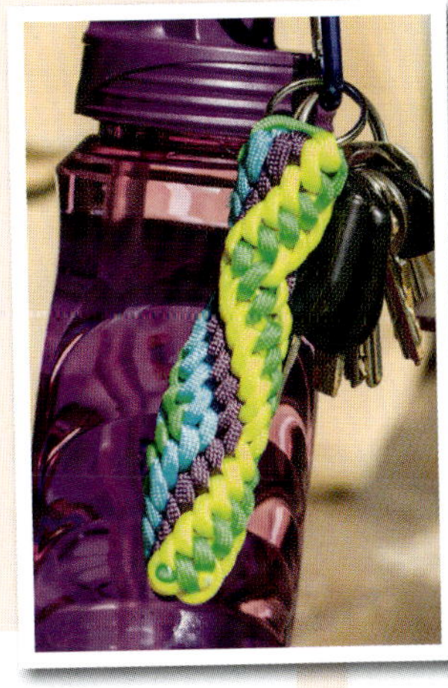

Material

- Vier Stränge Paracord 550 zu je 1 m
- Ein Schlüsselring aus Metall
- Ein Brett mit Stecknadeln (wahlweise)

Schritt 1: Einen Strang Paracord mittig auf dem Schlüsselring anordnen. Dieser Strang wird Ihnen als Leitfaden dienen.

Schritt 2: Die anderen Stränge über den Leitfaden legen, wie in Abb. 1 gezeigt. Die Enden des Leitfadens in die entgegengesetzte Richtung falten und Schlingen bilden. Für Ungeübte kann es am leichtesten sein, den Leitfaden festzustecken oder festzukleben, um ein Verrutschen zu verhindern.

Schritt 3: Abb. 2–7 folgen, um einen viereckigen Jumbo-Kronenknoten zu knüpfen.

Schritt 4: Abb. 8–14 folgen, um einen runden Jumbo-Kronenknoten zu knüpfen. 5 Knoten fünfmal wiederholen.

Schritt 5: Einen viereckigen Jumbo-Kronenknoten knüpfen. Dieser ändert die Richtung der Drehung (Abb. 15).

Schritt 6: Schritt 4 und 5 wiederholen, bis die Schnur zur Neige geht.

Schritt 7: Die überschüssige Schnur zurechtschneiden und verschmelzen.

Anordnung für viereckige Arbeit

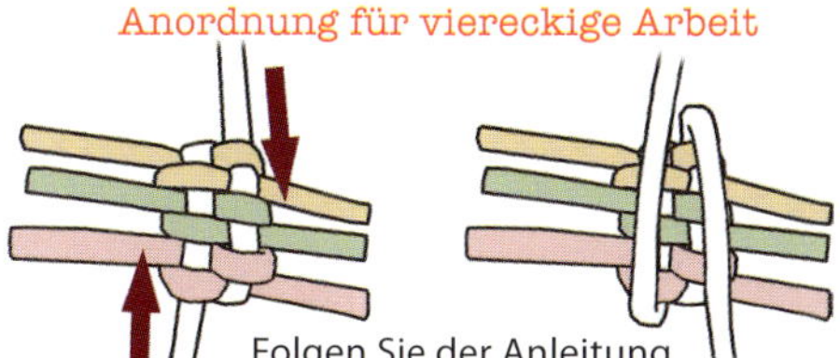

Folgen Sie der Anleitung für die viereckige Form.

Anordnung für runde Arbeit

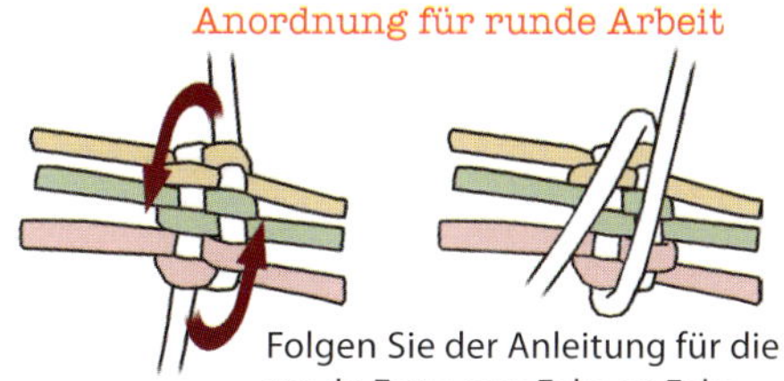

Folgen Sie der Anleitung für die runde Form von Ecke zu Ecke.

Dicker, runder Kronen-Schlüsselanhänger

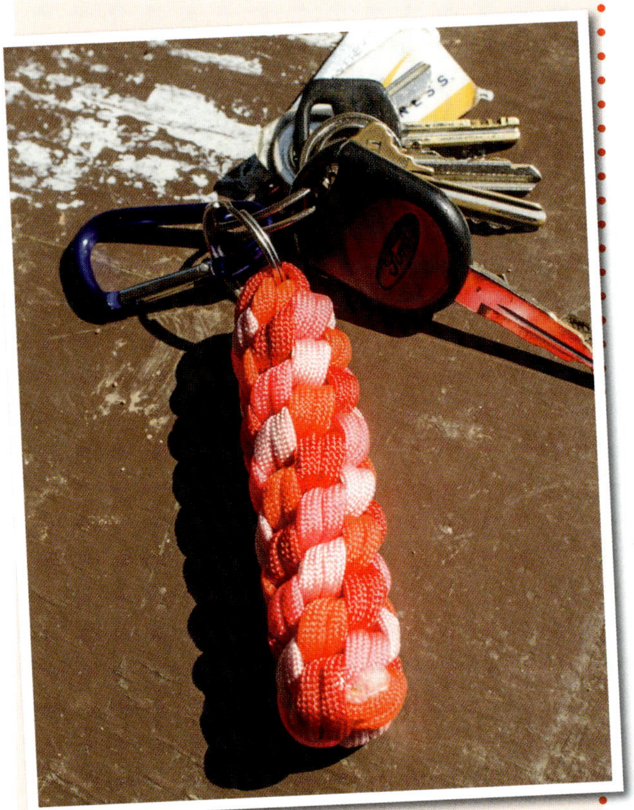

Material

- Vier Stränge Paracord 550 zu je 1 m
- Ein Schlüsselring aus Metall

Schritt 1: Die Schnüre wie in Abb. 1 mittig um den Schlüsselring weben.

Schritt 2: Die Stränge exakt wie in Abb. 2–6 falten und verweben. Vergewissern Sie sich, dass die Schnüre so gefaltet werden, dass die gleichen Farben zusammenkommen. Zum Sichern festziehen.

Schritt 3: Einen runden Kronenknoten knüpfen und dabei Abb. 7–10 folgen und die gleichen Farben zusammenhalten.

Schritt 4: Schritt 7–10 wiederholen, bis der Schlüsselanhänger die gewünschte Länge erreicht hat oder die Schnur zur Neige geht. Die überschüssige Schnur zurechtschneiden und verschmelzen.

Abb. 1

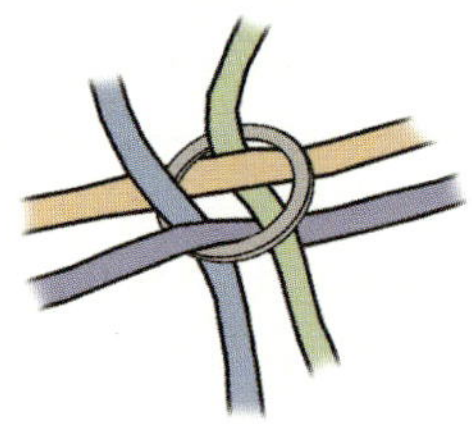

Abb. 2

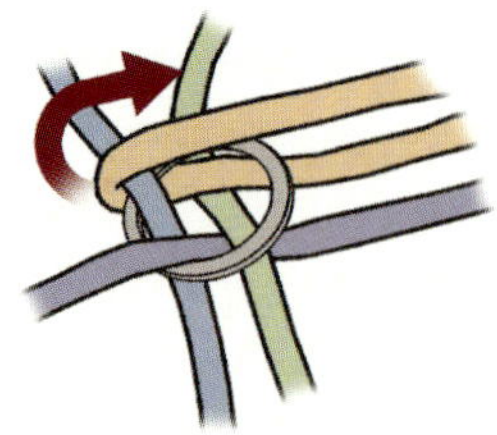

Abb. 3

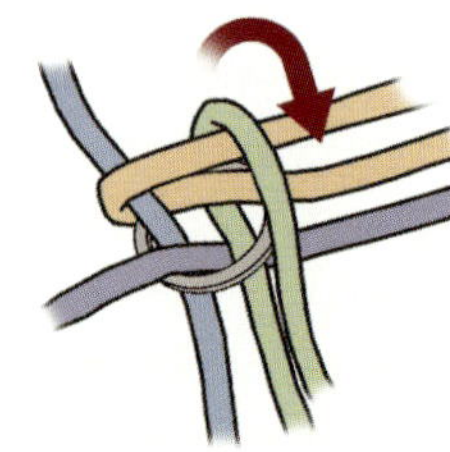

Abb. 4

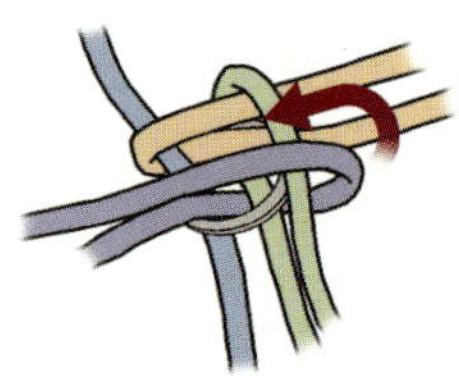

Abb. 5

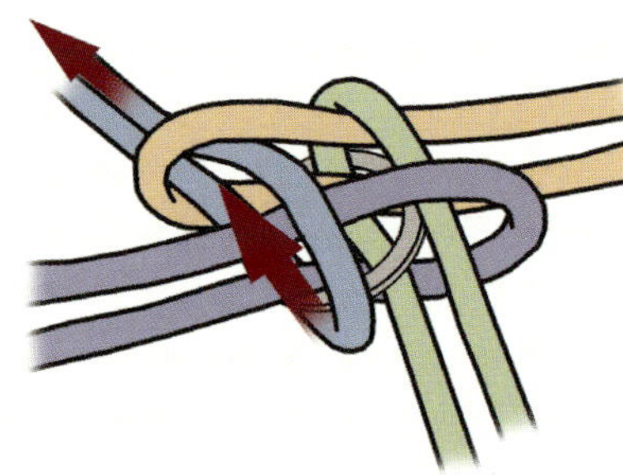

Abb. 6

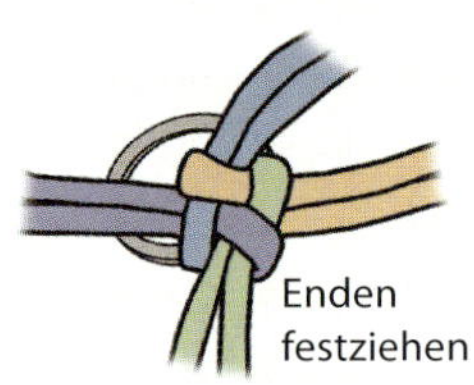

Abb. 7

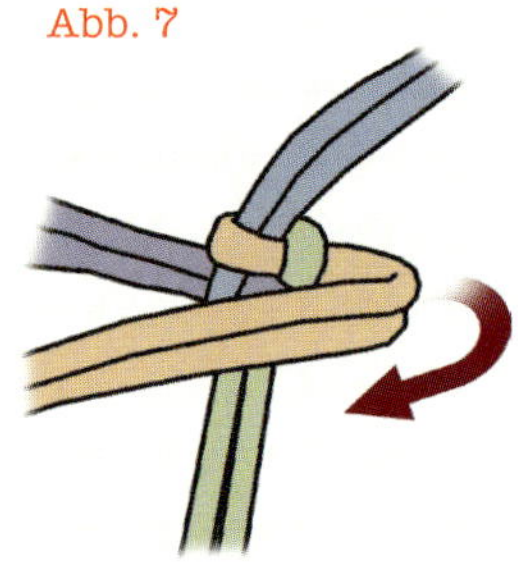

Abb. 8

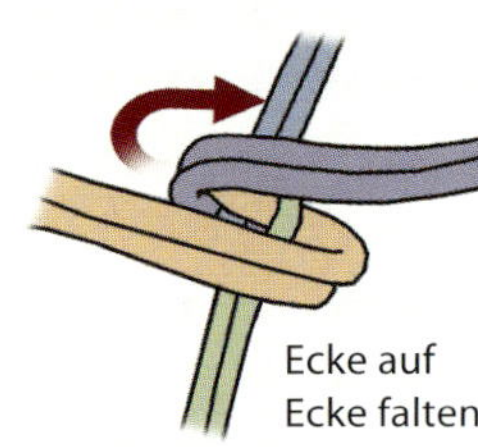

Abb. 9

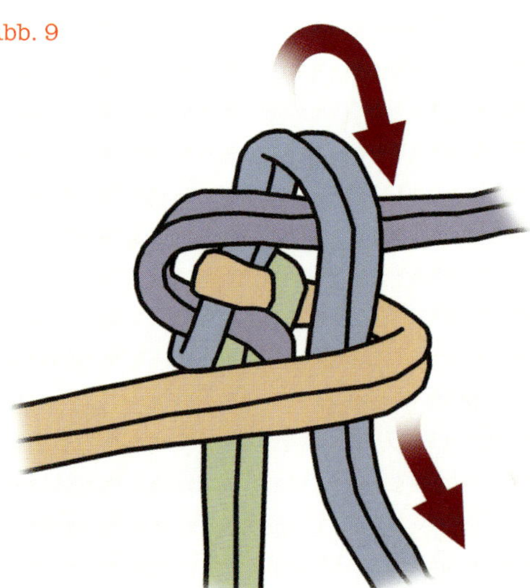

Abb. 10

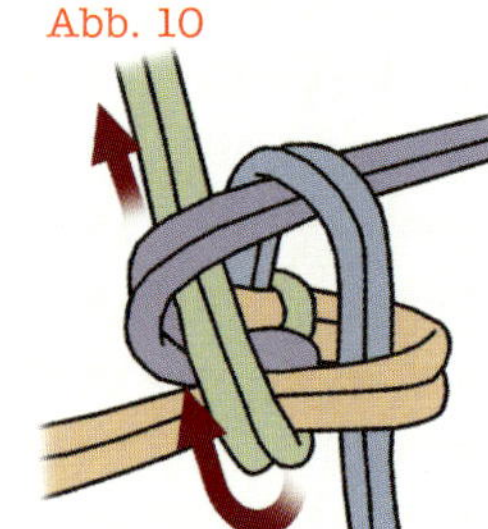

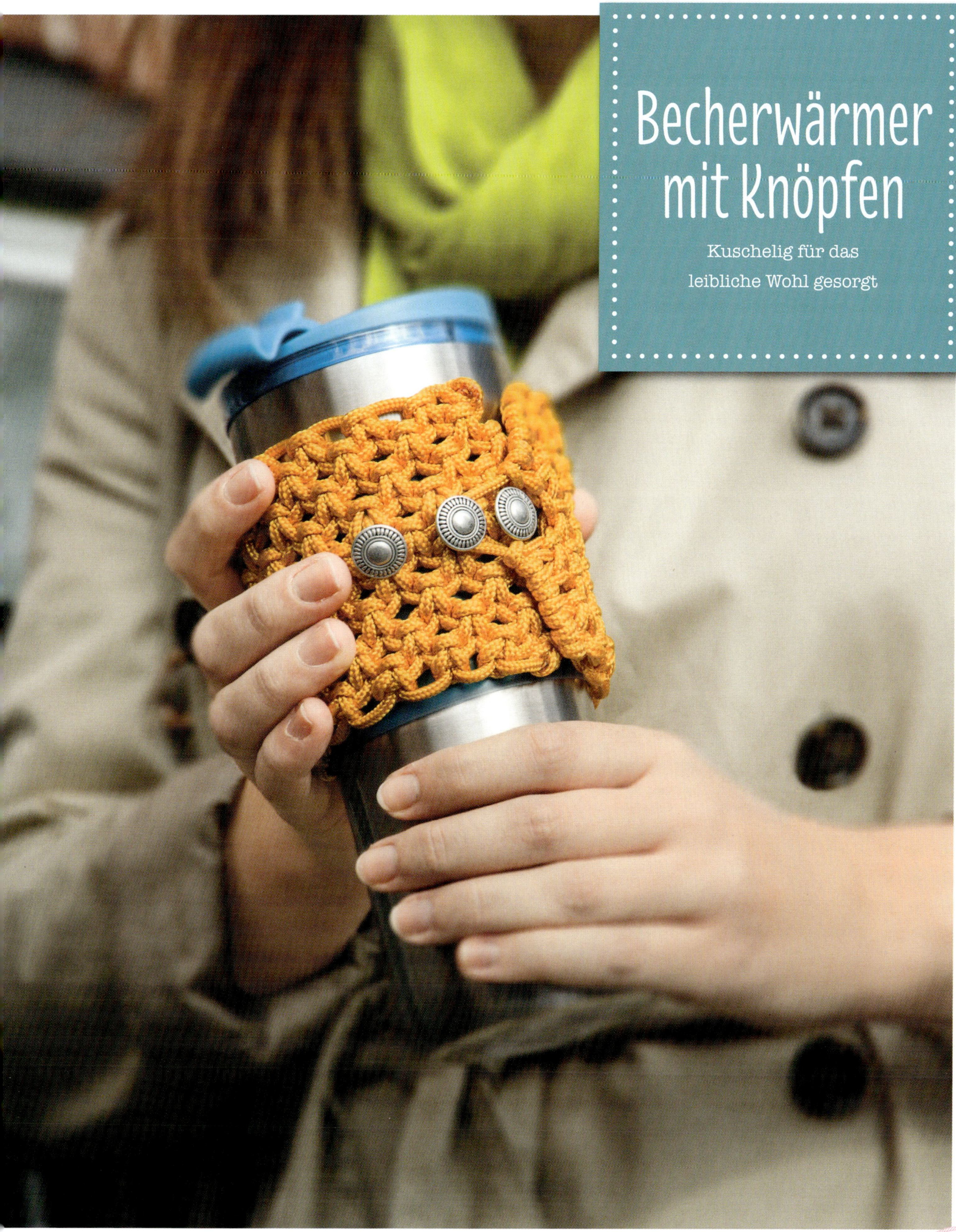

Becherwärmer mit Knöpfen

Kuschelig für das leibliche Wohl gesorgt

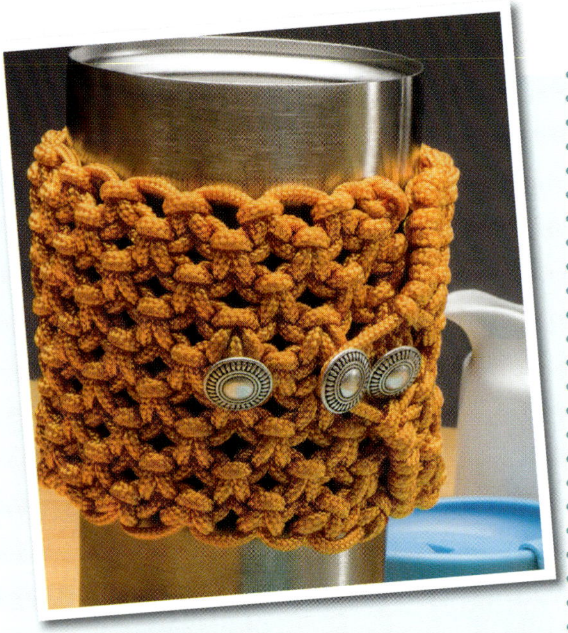

Schritt 1: 9 Stränge Paracord zu je 2 m zuschneiden. Eine der Schnüre horizontal auf dem Brett feststecken. Sie wird die Trägerschnur sein. Die verbleibenden 8 Schnüre in der Mitte nehmen und mit Ankerknoten an der Trägerschnur befestigen (Abb. 1). Anmerkung: Aus Gründen der Darstellung werden in Abb. 1 nur 4 Ankerknoten gezeigt.

Schritt 2: Abb. 2–5 folgen, um einen Kreuzknoten zu knüpfen und dabei die äußeren Schnüre von 2 nebeneinanderliegenden Ankerknoten verarbeiten. Die ganze Reihe entlang die Kreuzknoten mit jedem Schnurpaar der Ankerknoten wiederholen (Abb. 6).

Schritt 3: In der nächsten Reihe Abb. 7–8 folgen, um versetzte Kreuzkoten zu knüpfen und dabei die inneren Schnüre der danebenliegenden Knoten verwenden. Die Kreuzknoten werden genau gleich wie in den Abb. 2–5 geknüpft, aber das Muster ist um 2 Stränge nach rechts versetzt.

Schritt 4: Am Ende des Becherwärmers einen kleinen Kreuzknoten knüpfen und dabei die Trägerschnur und die Stränge des Kreuzknotens am Ende verwenden, wie in Abb. 9–12 gezeigt. Diesen Knoten am anderen Ende der Arbeit wiederholen.

Schritt 5: Abb. 2–12 wiederholen, um Reihen aus Kreuzknoten zu knüpfen, bis Sie ein etwa 35 cm langes Rechteck geknüpft haben. Wenn möglich mit einer Reihe versetzter Kreuzknoten enden. Die überschüssige Schnur zurechtschneiden und die Enden verschmelzen, um die Knoten zu sichern.

Schritt 6: Die Knöpfe an das eine Ende des fertigen Becherwärmers nähen oder knoten (Abb. 13). Diese so anbringen, dass die Größe des Becherwärmers verstellt werden kann. Zugeknöpft wird der Becherwärmer, indem ein Knopf nach dem anderen durch eine der Lücken zwischen den versetzt geknüpften Kreuzknoten geschoben wird.

Material

Ergibt einen Becherwärmer, der über eine Thermosflasche mit einem Durchmesser von 7,5–10 cm passt. Für einen längeren Becherwärmer einfach weitere 31 cm Paracord hinzufügen.

- Drei Stränge Paracord 325 zu je 6,5 m
- Ein Brett mit Stecknadeln (wahlweise)
- Trinkflasche, Becher oder Thermoskanne

Abb. 1

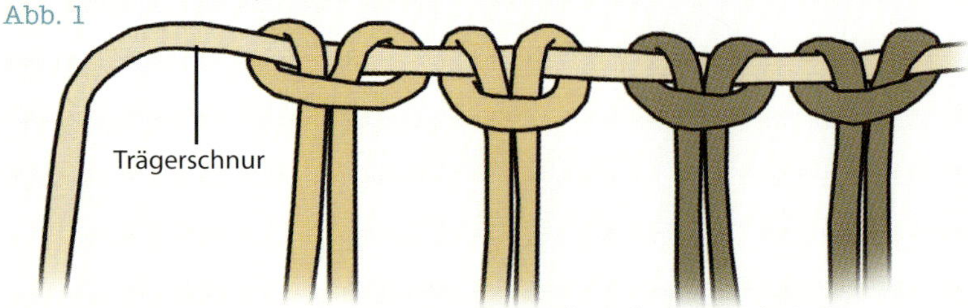

Acht Ankerknoten knüpfen

Abb. 2

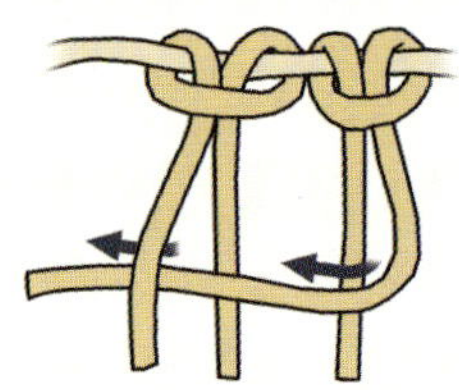

Abb. 3

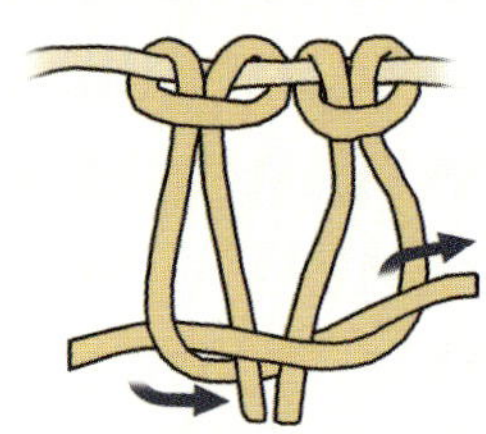

Abb. 4

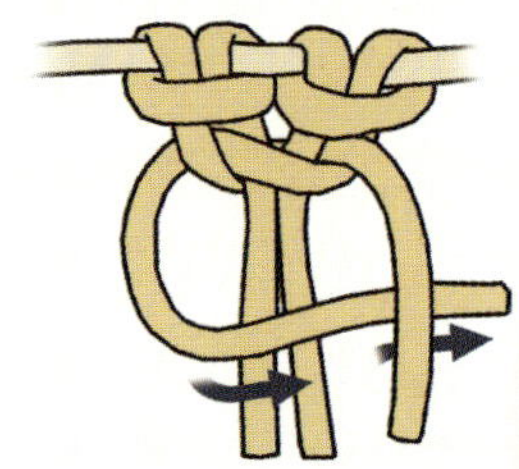

Abb. 5

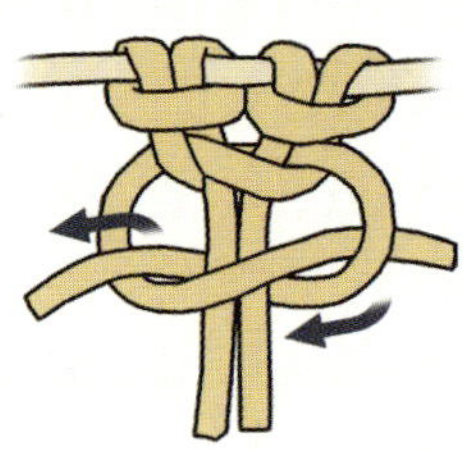

Abb. 6

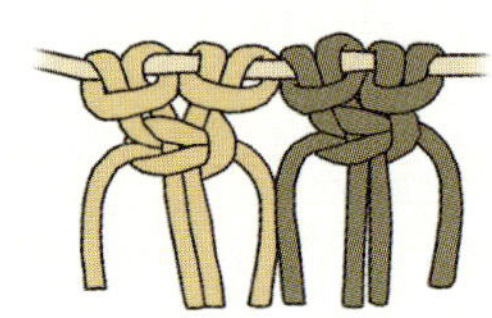

Kreuzknoten die Reihe entlangknoten

Abb. 7

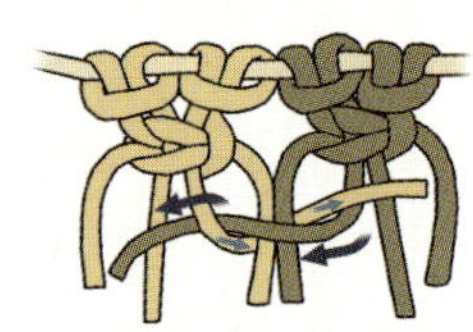

Kreuzknoten in der alternierenden Reihe

Abb. 8

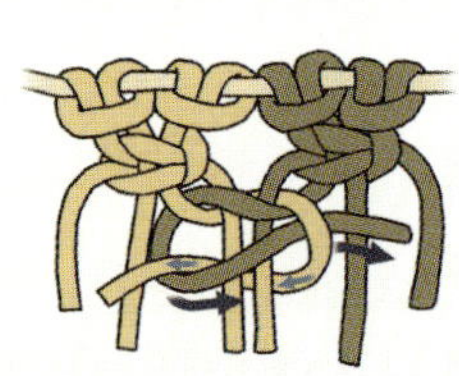

Abb. 9

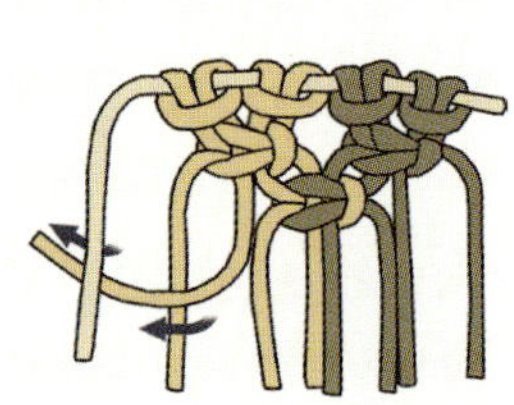

Abb. 10

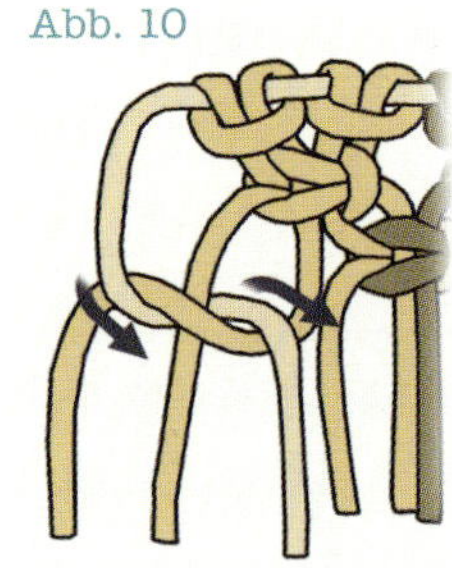

Abb. 11

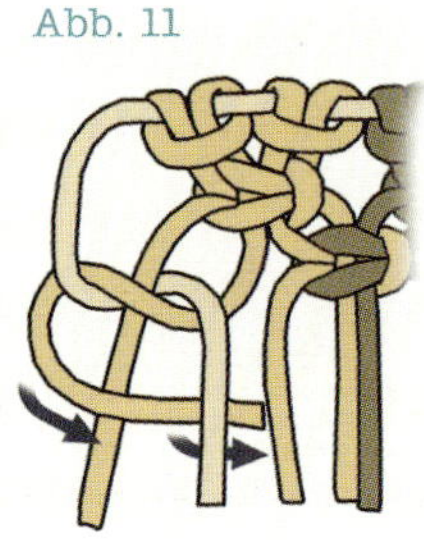

Abb. 12

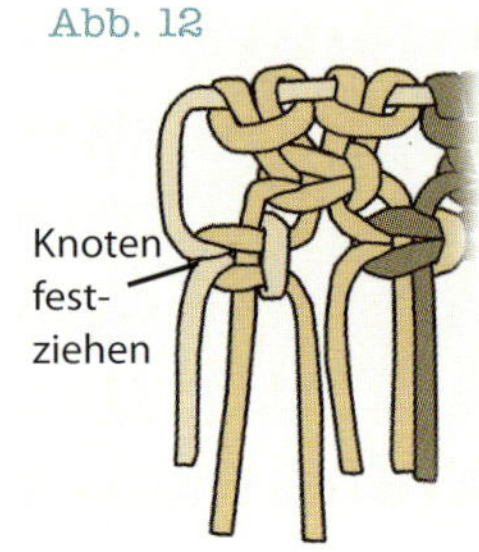

Abb. 13

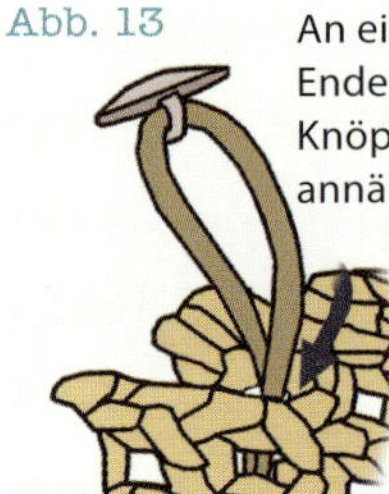

An einem Ende Knöpfe annähen

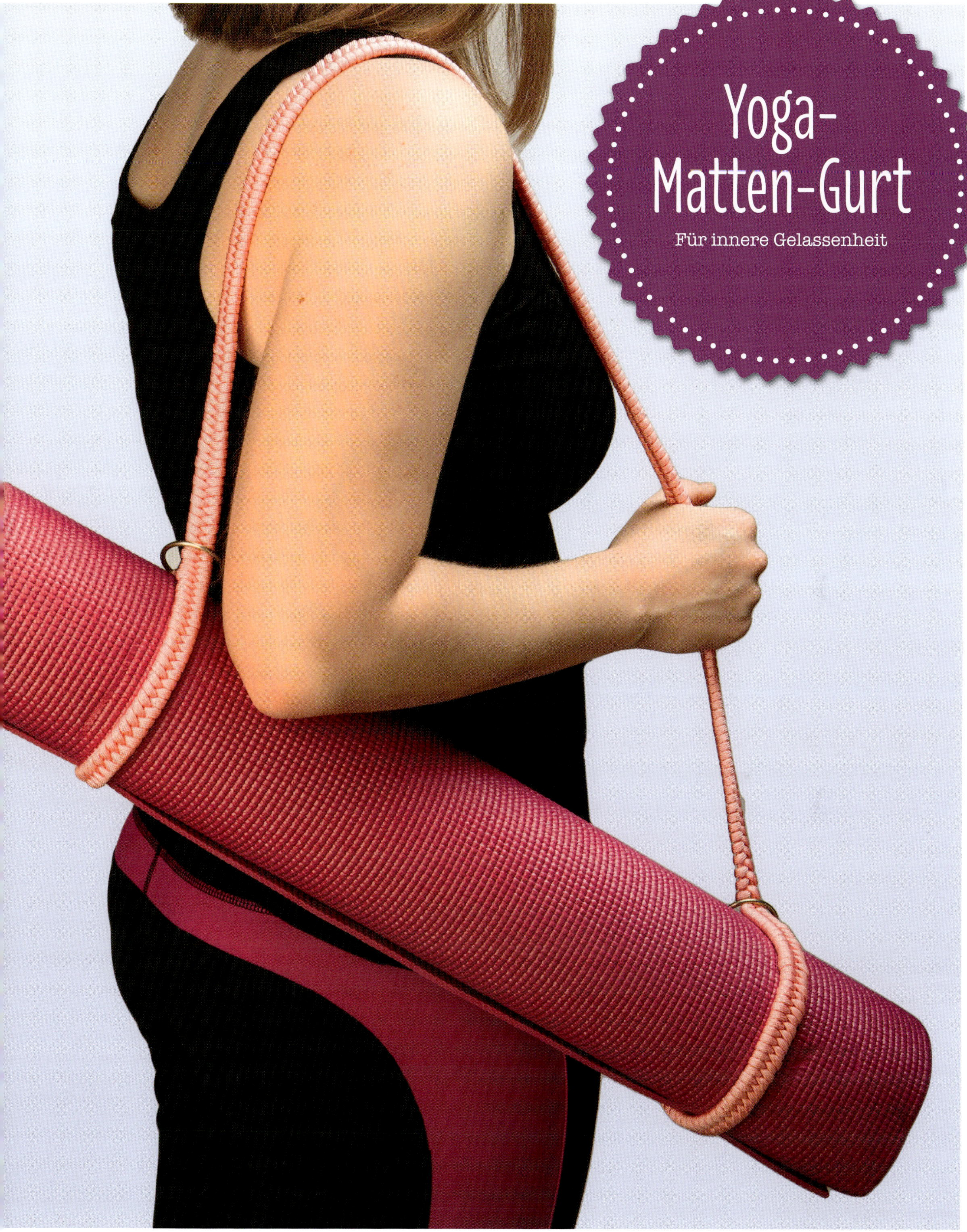

Yoga-Matten-Gurt

Für innere Gelassenheit

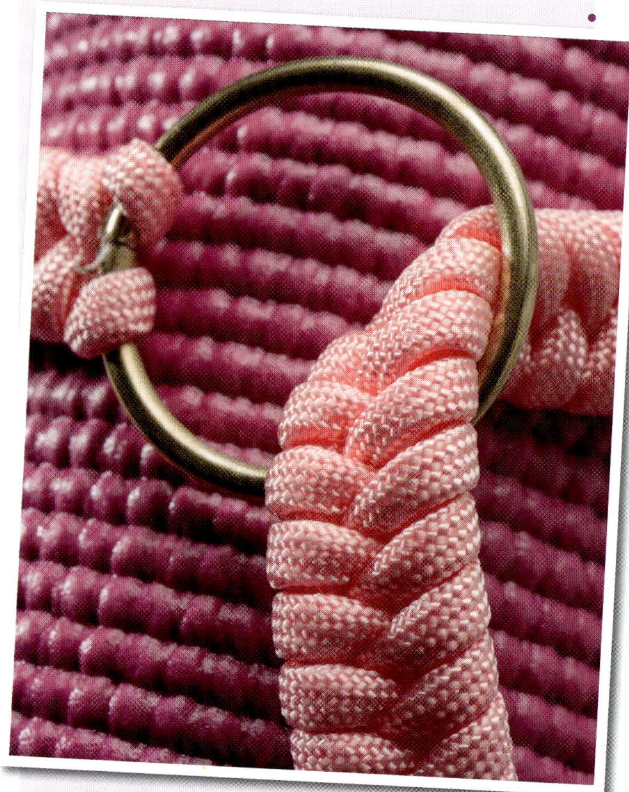

Material

Der Gurt kann so lang, wie gewünscht, geknüpft werden. Hier wird er mit einer Länge von 2 m gezeigt.

- Drei Stränge Paracord 550 zu 5 m
- Zwei geschweißte Metallringe (4 cm Durchmesser)
- Eine Büroklammer (zum Verweben der Schnur)

Abb. 1

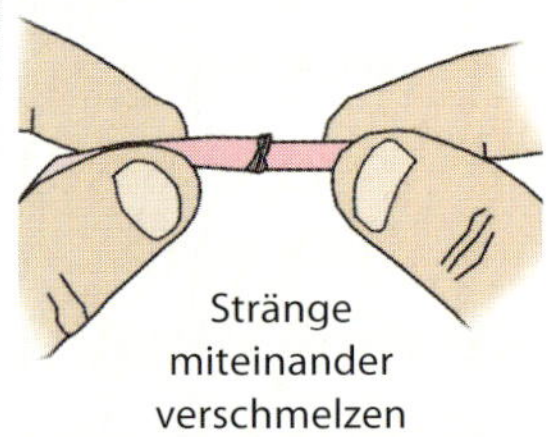

Abb. 2

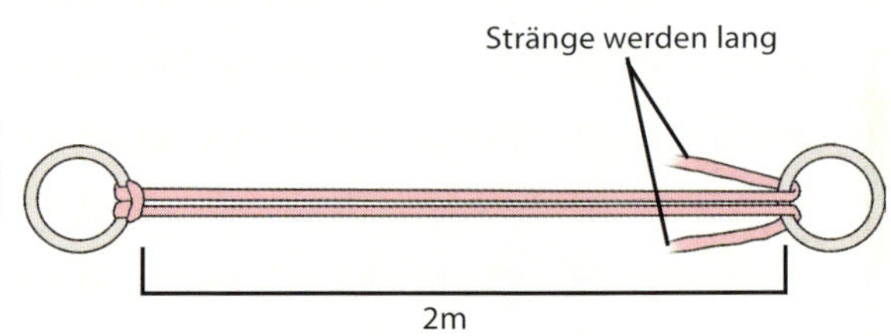

Abb. 3

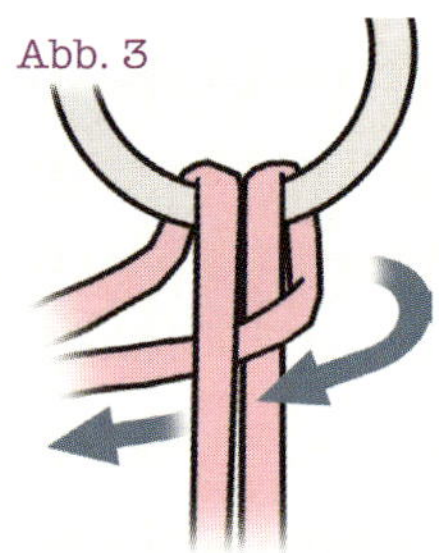

Abb. 4

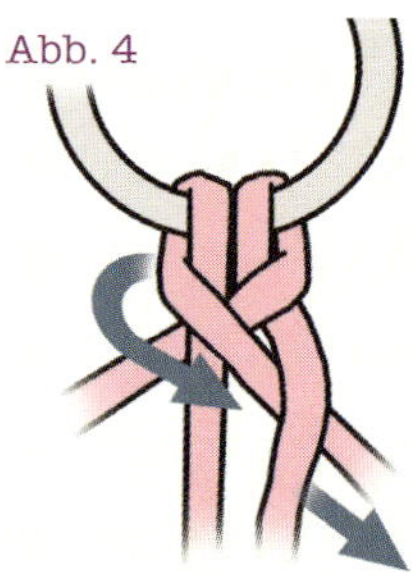

Abb. 5

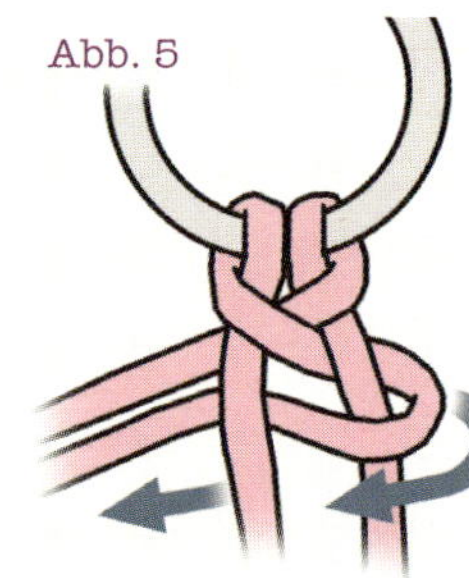

Abb. 6

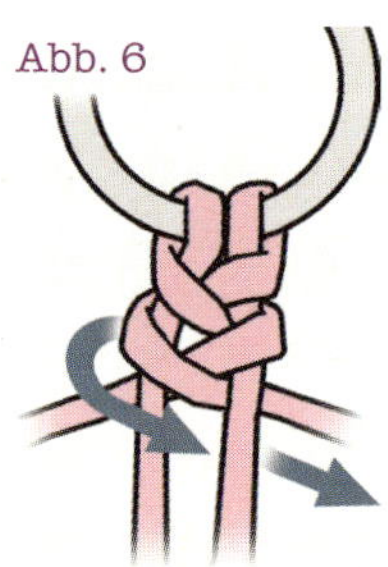

Abb. 7

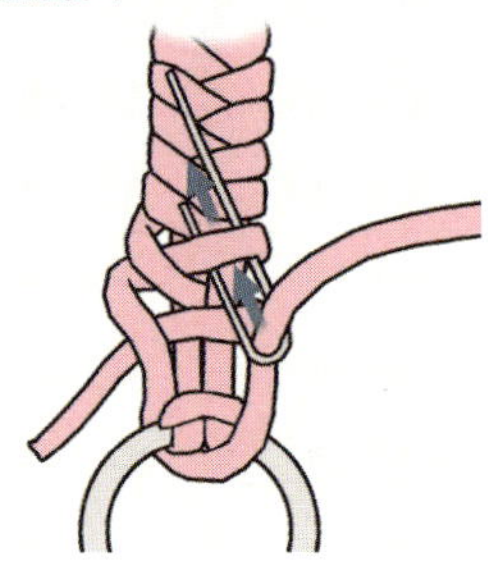

Abb. 8

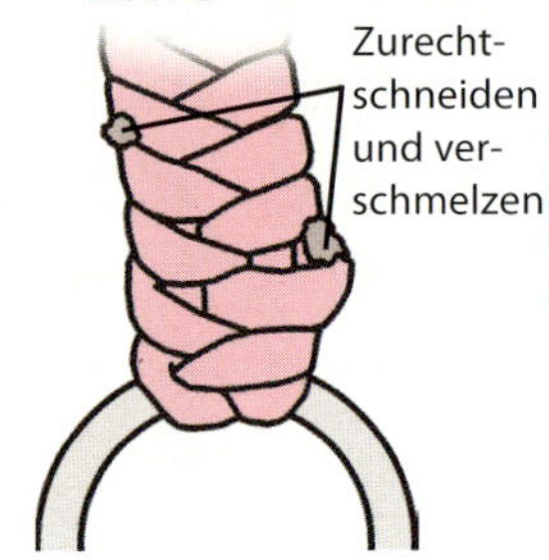

Abb. 9

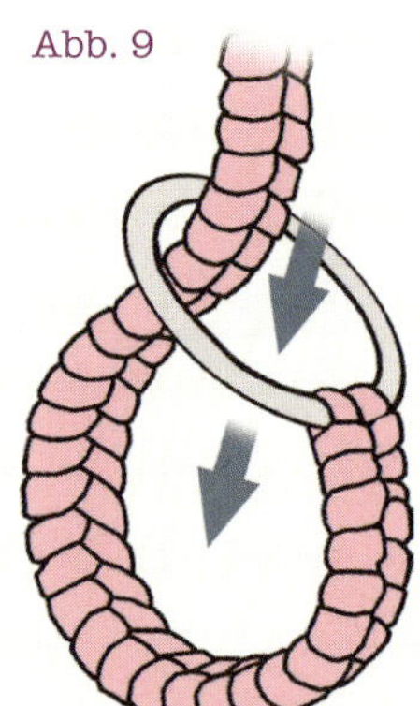

Schritt 1: Die 3 Stränge miteinander zu einer 15 m langen Schnur verschmelzen (Abb. 1).

Schritt 2: Die Schnur mittig nehmen und mit einem Ankerknoten an einem Metallring befestigen. Die Enden der Schnur durch den 2. Ring schieben und die Ringe in einem Abstand von 1,5–2 m positionieren.

Schritt 3: Abb. 3–6 folgen, um im Webmuster zu arbeiten. Am Anfang die Mittelstränge straff halten. Bis zum 1. Ring weben und das Gewebe immer stramm halten, um ein Auftrennen zu verhindern. Der Gurt kann während des Webens dazu neigen, sich zu verdrehen, was ganz normal ist. Den Gurt dann einfach wieder entwirren, damit das Material wieder entspannt liegt.

Schritt 4: Zum Fertigstellen die Enden der Schnur zurück in den Gurt weben. Eine Büroklammer verwenden, um das Gewebe zu lockern und die Schnur durchziehen (Abb. 7). Die Enden etwa 7,5–10 cm lang in den Gurt weben, um einen sicheren Halt zu gewährleisten. Die geschmolzenen Schnurenden in den Gurt stecken.

Schritt 5: Um den Gurt zu verwenden, den Riemen durch die Ringe schieben und die zusammengerollte Yogamatte durch die Schlingen schieben (Abb. 9).

Dekorative Flip-Flops

Strapazierfähige Sommerschuhmode

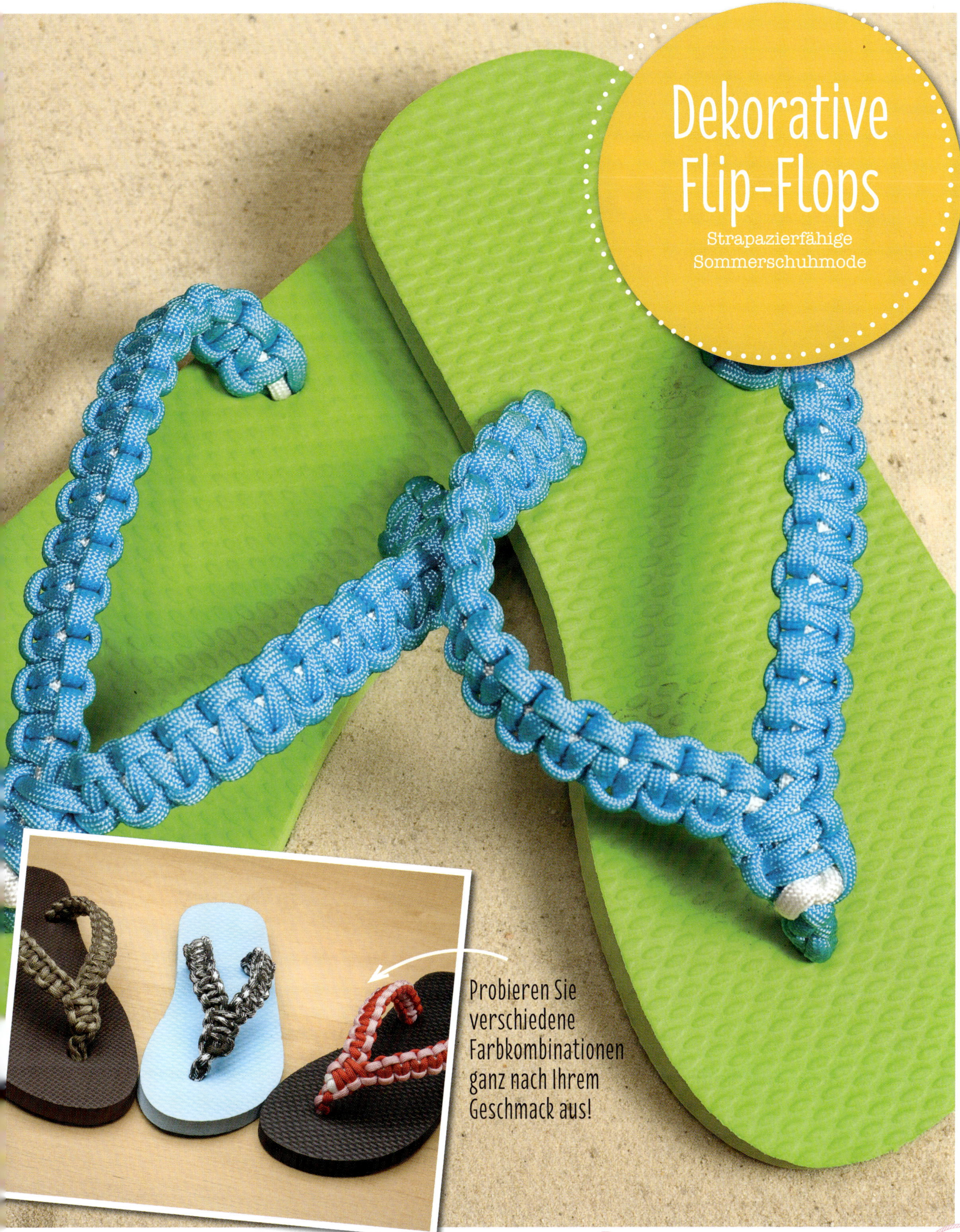

Probieren Sie verschiedene Farbkombinationen ganz nach Ihrem Geschmack aus!

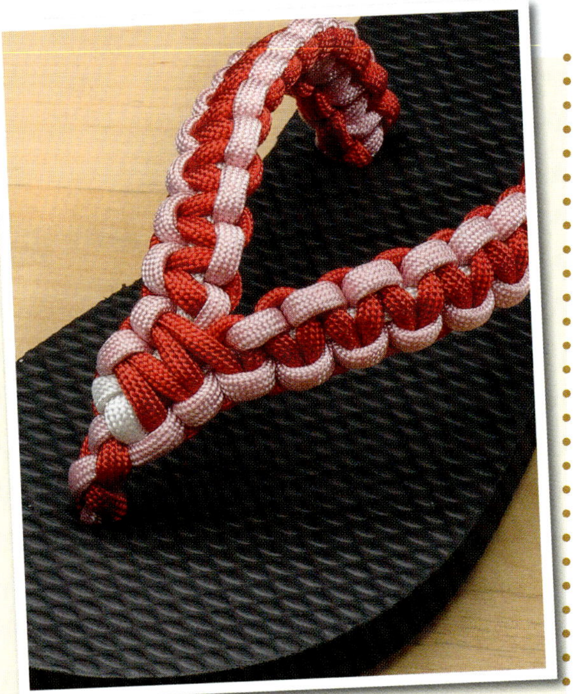

Material

Die Anleitung kann für Kinder- und Erwachsenen-Flip-Flops verwendet werden.

- Zwei Stränge Paracord 550 zu je 5 m (zwei Stränge zu je 2,5 m für jeden Schuh)
- Zwei Stränge Paracord 550 zu je 45 cm (ein Strang für jeden Schuh)
- Ein Paar Schaumstoff-Flip-Flops

Schritt 1: Die Riemen der Flip-Flops entfernen und als Vorlage für die Riemen aus Paracord verwenden.

Schritt 2: Zwei Stränge Paracord von 2,5 m mittig nehmen und überkreuzen (Abb. 1). Einen einfachen Kronenkreuzknoten knüpfen, um den Flip-Flop mit einem Stopper zu versehen (Abb. 2–5). Die losen Enden durch das Loch bei den Zehen im Flip-Flop stecken. Die Stränge von unten nach oben durchziehen, sodass der Knoten auf der Unterseite des Flip-Flops sitzt (Abb. 6).

Schritt 3: Abb. 7 und 8 folgen und wiederholen, um einen runden Zopf mit vier Strängen zu flechten. Nur etwa 5 cm Zopf werden benötigt. Er bildet den Zehentrenner.

Schritt 4: Einen 45 cm langen Strang Paracord mittig nehmen und an die inneren 2 Stränge knüpfen. Den Strang mit einem einfachen Überhandknoten befestigen (Abb. 9–10).

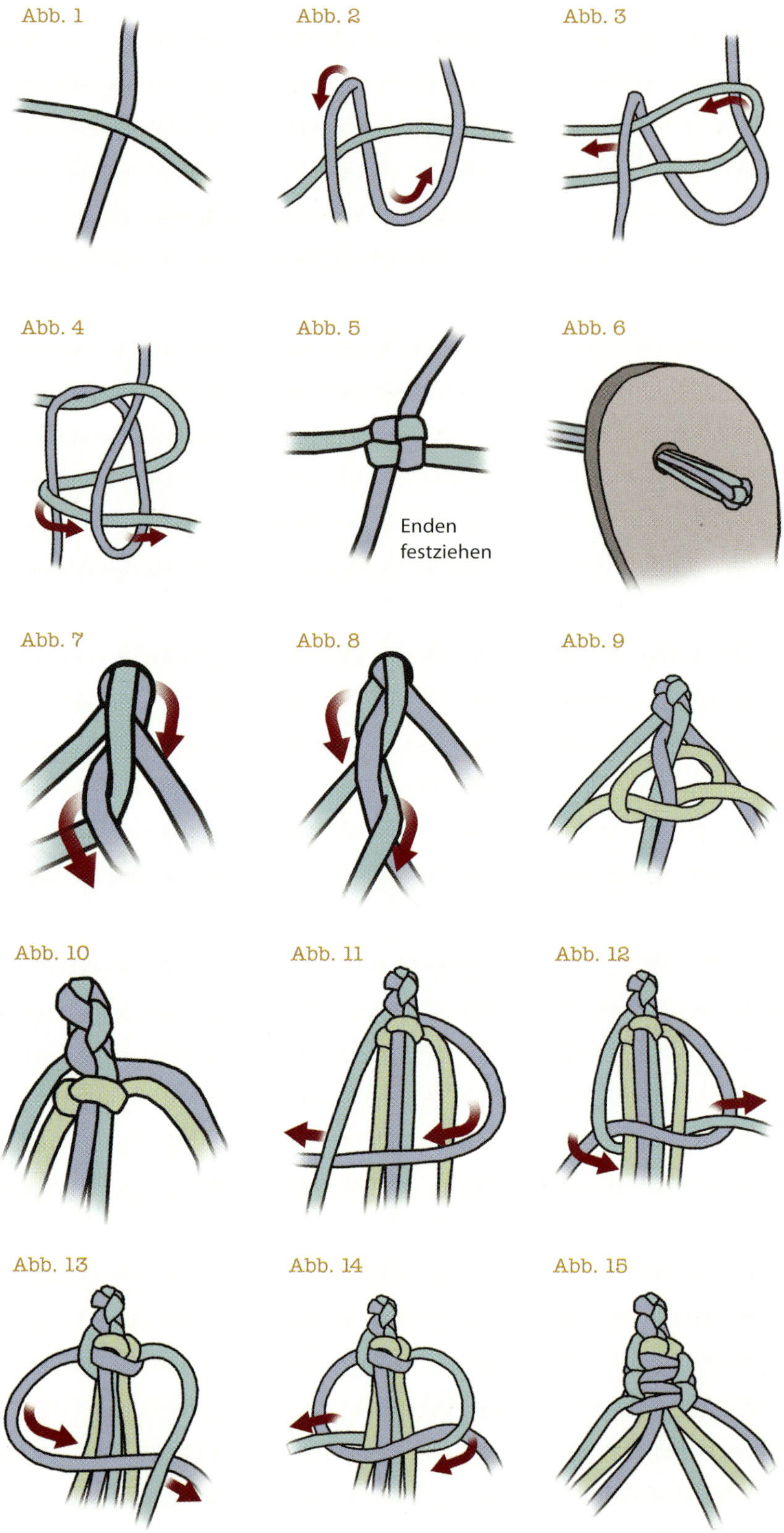

Abb. 16

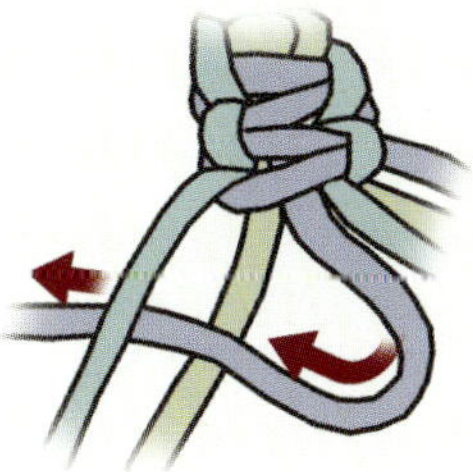

Abb. 17

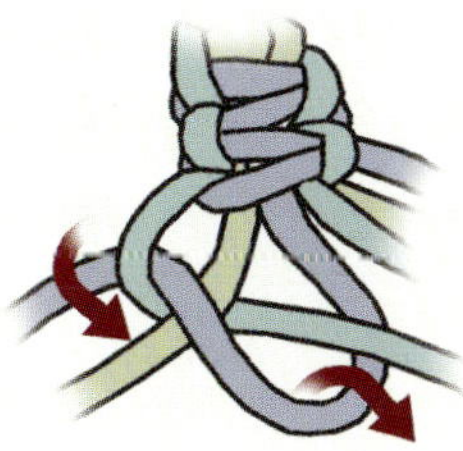

Abb. 18

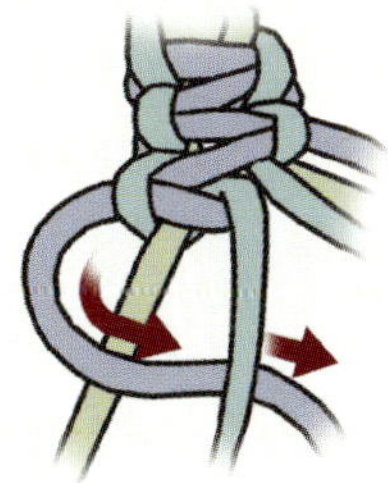

Abb. 19

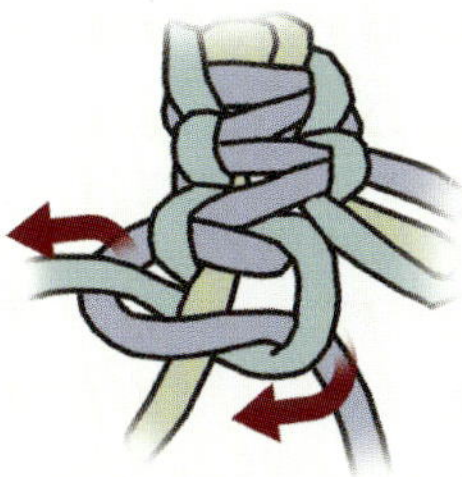

Abb. 20

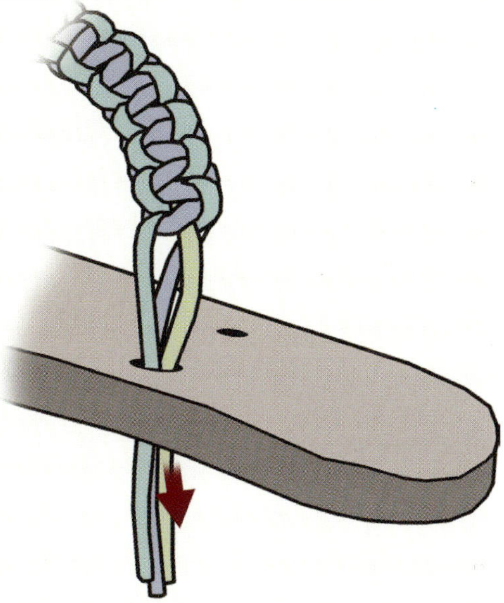

Abb. 21

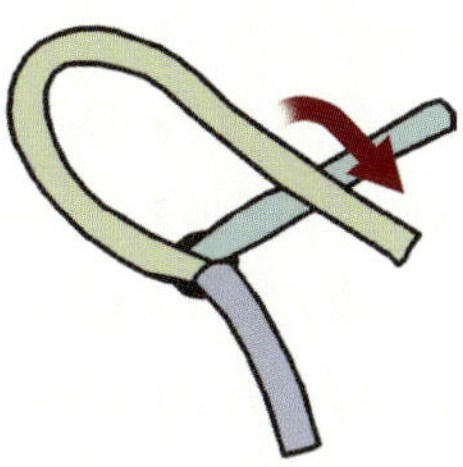

Abb. 22

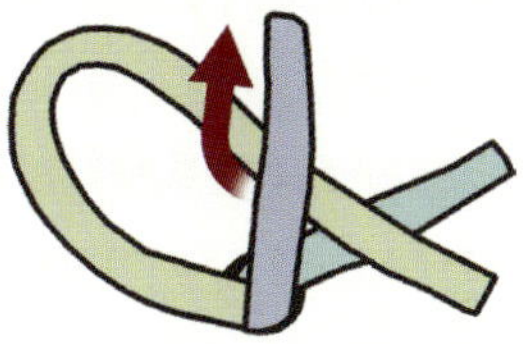

Abb. 23

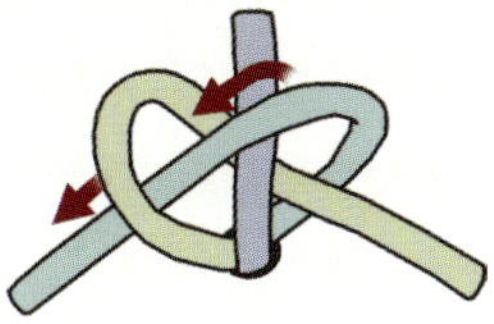

Abb. 24

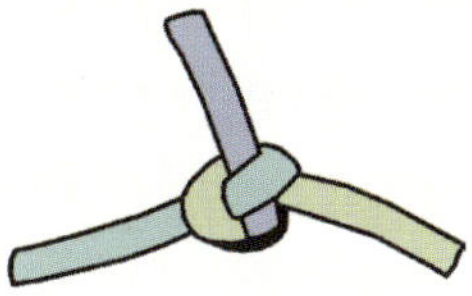

Schritt 5: Abb 11–14 folgen, um einen Kreuzknoten zu knüpfen. Für einen zweiten Kreuzknoten wiederholen (Abb. 15). Dann die Schnüre halbieren, um die Riemen zu bilden.

Schritt 6: Für den ersten Riemen mit nur drei Schnüren eine Reihe Kreuzknoten knüpfen. Dabei die kürzeste Schnur in die Mitte nehmen (Abb. 16–19). Bis zur gewünschten Länge weitere Kreuzknoten knüpfen. Die Länge des Riemens kann je nach Schuhgröße variieren, daher messen Sie am besten die Länge des vorher entfernten Riemens ab.

Schritt 7: Die Stränge durch das entsprechende Loch im Flip-Flop schieben (Abb. 20).

Schritt 8: Den Schuh wenden, um auf die Unterseite des Flip-Flops zu sehen. Abb. 21–24 folgen, um einen dreisträngigen Knoten zu knüpfen. Wenn notwendig, wiederholen Sie den Knoten. Die überschüssige Schnur zurechtschneiden und die Enden verschmelzen. Vorsicht mit dem Feuerzeug, damit Sie den Schaumstoff der Flip-Flops nicht verbrennen!

Schritt 9: Schritt 6–8 wiederholen, um den 2. Riemen für den Flip-Flop herzustellen.

Schritt 10: Die Schritte 2–9 für den 2. Schuh wiederholen.

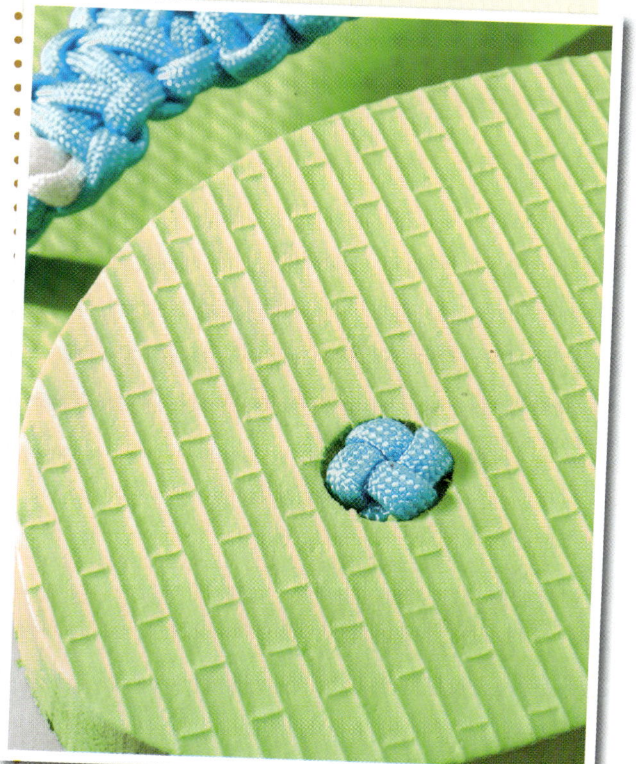

Bezugsquellen

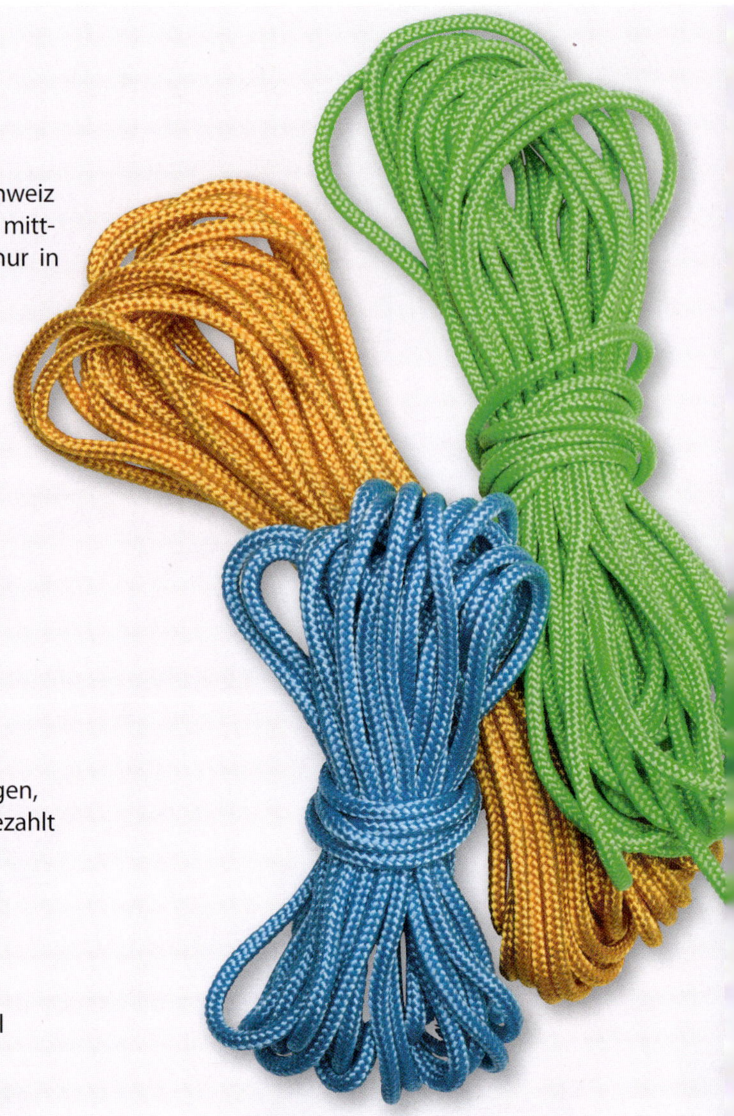

Paracord bzw. Fallschirmschnur ist in Deutschland, Österreich und der Schweiz im normalen Handel kaum bis gar nicht zu bekommen. Allerdings gibt es mittlerweile einige **deutsche Online-Versandhändler**, die die Fallschirmschnur in vielen bunten Farben anbieten. Auch in den bekannten **Online-Shops Amazon** und **Ebay** können Sie Paracord bestellen.

www.amazon.de

www.armband-paracord.de

http://www.ebay.de/bhp/paracord-550

www.ebay.de

http://www.holsterbau.de/paracord.htm

www.knivesandtools.de ➪ Outdoor und Gear ➪ Paracord

https://www.paracord.de/paracord

www.paracord-shop.de

USA

Bei einer Direktbestellung in den USA müssen Sie allerdings berücksichtigen, dass Versandkosten und gegebenenfalls Zoll und Einfuhrumsatzsteuer bezahlt werden müssen.

http://www.riversandrocks.com/ausruestung/seile-und-gurte.html

Deutschsprachige Website aus China

http://de.aliexpress.com/w/wholesale-parachute-cord-paracord-550.html